Arthur Drews

Der Ideengehalt von Richard Wagners ˝Ring des Nibelungen˝

Arthur Drews

Der Ideengehalt von Richard Wagners ´´Ring des Nibelungen´´

ISBN/EAN: 9783743319790

Hergestellt in Europa, USA, Kanada, Australien, Japan

Cover: Foto ©Thomas Meinert / pixelio.de

Arthur Drews

Der Ideengehalt von Richard Wagners ´´Ring des Nibelungen´´

DER IDEENGEHALT

VON

RICHARD WAGNERS

„RING DES NIBELUNGEN"

IN SEINEN BEZIEHUNGEN

ZUR

MODERNEN PHILOSOPHIE

VON

ARTHUR DREWS.

LEIPZIG, 1898.

HERMANN HAACKE,

VERLAGSBUCHHANDLUNG.

INHALT.

Einleitung.

Die Betrachtung eines Kunstwerks kann doppelter Art sein: entweder man kann es nach seiner unmittelbaren Erscheinung als ein Gegebenes ansehen, dessen einzelne Bestandteile es zu zergliedern und in ihrem organischen Zusammenhange aufzuzeigen gilt; es ist dies die empirische Betrachtung, wie sie in unseren Kunstkritiken in der Regel ausgeübt wird. Oder aber man kann es gleichsam von innen heraus nach seinem wesenhaften idealen Gehalt untersuchen, indem man dabei von der Voraussetzung ausgeht, dass das Kunstwerk als solches nur die äusserliche Abspiegelung oder die konkrete, sinnliche Erscheinungsform jenes inneren idealen Kerns darstelle; und dies ist die philosophische Art der Betrachtung. Diese letztere wird insbesondere dann anzuwenden sein, wenn es sich um ein Kunstwerk handelt, bei welchem sein Schöpfer offensichtlich einen bestimmten philosophischen Ideengehalt zu verkörpern bestrebt war, und die ganze Aufgabe wird hier darin bestehen, diesen Kern aus seiner sinnlichen Erscheinungsform herauszuschälen.

Dass zu dieser Art von Kunstwerken auch R. Wagners „Ring des Nibelungen" gehört, wird keinem Widerspruch begegnen. Wer in Wagners Persönlichkeit eingedrungen, wer sich mit der Art seines Schaffens näher vertraut gemacht hat, weiss, wie es gerade einen Teil seiner Grösse ausmacht, dass er sich nicht damit begnügt hat, das Publikum im Theater bloss zu unterhalten, sondern dass es ihm als höchstes Ziel erschienen ist, in anschaulicher, konkreter Form für alle verständlich darzustellen, was er selbst als Wahrheit von einer allgemeineren Bedeutung erkannt zu haben glaubte.

Darin vor allem liegt der Grund, warum Wagner den Mythus als den idealen Stoff der Dichtkunst angesehen und ihn allen übrigen Gegenständen vorgezogen hat. Es war nicht allein der

Musiker, der sich zum Mythus wegen des ihm immanenten Gefühlsgehaltes und seiner mächtigen Empfindungsweise hingezogen fühlte, es war gerade auch der Dichter und Philosoph R. Wagner, dem der Mythus eben deshalb den willkommensten Anhalt für seine Schöpfungen darbot, weil er mit seinen eigenen Anforderungen an den idealen Gehalt des Kunstwerks zusammenstimmte. Was ein jugendliches Volk bei der Anschauung der Natur empfindet, wie es auf Grund der unmittelbaren Naturerscheinung sich seine religiösen Ideen bildet, das alles kleidet es in die sinnliche Form des Mythus und macht ihn dadurch zum Spiegel seiner metaphysischen Weltanschauung. Der Mythus ist also selbst schon die stärkste Verdichtung und Veranschaulichung eines idealen Inhalts, keines gleichgiltigen und zufälligen Inhalts, sondern eines solchen, der eine allgemeine Bedeutung hat. „Das Unvergleichliche des Mythus ist, dass er jederzeit wahr und sein Inhalt bei dichtester Gedrängtheit für alle Zeiten unerschöpflich ist".[1] Der Mythus ist aber auch nicht das Erzeugnis eines Einzelnen, sondern „das Gedicht einer gemeinsamen Lebensanschauung", woran alle mitgearbeitet haben. Darum kann er auch von allen unmittelbar verstanden werden, und der Künstler, der sich den Mythus als Gegenstand vorsetzt, hat folglich gar nichts mehr zu thun, als ihn im Sinne seiner eigenen Weltanschauung auszudeuten.

Es liegt nun freilich auf der Hand, dass der Mythus eben hiermit seine allgemeine Verständlichkeit auch wieder einbüsst und dass ein Kunstwerk, welches sich, wie der „Ring des Nibelungen", auf den Mythus gründet, doch keinen objektiv-allgemeinen Gehalt, sondern höchstens nur die subjektive Ideenwelt seines Schöpfers spiegelt. Thatsächlich ist denn auch keine Dichtung Wagners dem grössten Teile des Publikums, ja, den darstellenden Künstlern selbst bisher so unverständlich geblieben, wie die mythologisierende Tetralogie des „Ringes". Es geht mit ihr den meisten, wie mit dem zweiten Teil des „Faust": man geniesst die wundervollen Einzelheiten und vergisst darüber den organischen Zusammenhang und den Sinn des Ganzen. Man fühlt zwar an manchen Stellen hindurch, dass der Schöpfer sich bei ihnen etwas Besonderes „gedacht" haben müsse, allein man giebt sich weiter keine Mühe, der Sache nachzuspüren. Übrigens kann man es

---

[1] R. Wagner: Gesammelte Werke Bd. IV. 81.

dem Publikum auch nicht verdenken, wenn es keine Lust hat, im Theater Rätsel zu lösen.

Um so eifriger sind von jeher die Jünger des Meisters bestrebt gewesen, den Ideengehalt der Wagnerschen Dichtung klar zu legen. Bisher indessen, wie mir scheint, mit unzureichendem Erfolg. Die meisten sind von vornherein viel zu sehr überzeugt gewesen, es müsse sich Schopenhauers Weltanschauung in ihr finden lassen und sind damit über allgemeine Redensarten und Schopenhauersche Schlagworte nicht hinausgekommen. Das gilt selbst von Hausegger, der in seiner Schrift über „R. Wagner und Schopenhauer" (1878) noch das Beste nach dieser Richtung hin geliefert hat. Man hat dabei viel zu wenig beachtet, dass Wagner seine Dichtung gegen Ende des Jahres 1852 bereits vollendet hatte, Schopenhauers Philosophie dagegen erst im Jahre 1854 kennen gelernt hat. Die Folge ist, dass man nun mehr und mehr daran verzweifelt, die Formel für den Ideengehalt des Ringes zu finden. Der allgemeine Feldzug, den unsere Kunstkritik gegen die „Idee" überhaupt eröffnet hat, ist auch auf diejenigen Kreise nicht ohne Einfluss geblieben, die es sich zur Aufgabe gemacht haben, den „Gedanken von Bayreuth" zu pflegen. Man schwört auch hier bereits auf den modernen Glauben, das Kunstwerk allein aus der „Persönlichkeit" des Künstlers heraus konstruieren zu müssen, und verzichtet auf eine philosophische Deutung seines Ideengehaltes.[1]) Wie mir scheinen will, sehr zum Nachteil der Sache. Denn es wird damit der Schwerpunkt der Wagnerschen Schöpfung in psychologische und historische Zufälligkeiten verlegt und anstatt einer Klarlegung ihres inneren Zusammenhanges ein geistreiches Räsonnement geboten, das doch von einem tieferen Verständnis noch weit entfernt bleibt.

Wie verdienstlich daher alle übrigen Betrachtungsarten auch immer sein mögen, und wie wenig auch unsere Zeit geneigt sein mag, ein Kunstwerk in philosophische Begriffe aufzulösen, bei einem Werke, wie „der Ring des Nibelungen" scheint eine derartige Untersuchung ihres Ideengehaltes um so weniger entbehrlich, als Wagner selbst bei seinen Werken diese reflektierende Art des Schaffens ausgeübt hat. Freilich darf man, wie auch Chamberlain in seinem schönen Buche über R. Wagner betont,

---

[1]) Vgl. Houston Steward Chamberlain: Richard Wagner (1896).

diesen letzten Umstand nicht übertreiben und den Einfluss des abstrakten Denkens auf das künstlerische Schaffen zu hoch anschlagen.[1]) Wie bei allen grossen Künstlern, so werden auch bei Wagner die Einzelheiten der Reflexion der Ausgestaltung seines Werkes mehr nachgefolgt als vorangegangen sein, und nur in ganz allgemeiner Form wird die philosophische Idee vorher in seinem Bewusstsein gestanden und gleichsam den Rahmen abgegeben haben, in welchen sich die einzelnen Momente seines Werkes organisch hineingefügt haben. Denn soweit diese Idee bewusster Art ist, insoweit ist sie immer nur der feste Kern, um den sich unbewusster Weise die übrigen idealen Momente eines Kunstwerkes herumkrystallisieren, insoweit gleicht sie nur dem Samenkorn, das, in den Boden eingesenkt, ohne äussere Hülfe seine Triebkraft entfaltet. Das Bewusstsein ist als solches nicht imstande, die Herausgeburt der Idee in die sinnliche Anschauung zu vollziehen. Allein trotz dieser Unmittelbarkeit der genialen Produktion ist Wagner, als ein echter Sohn seiner Zeit, doch mehr als irgend ein anderer Künstler geneigt, das vollendete Kunstwerk hinterher im Sinne einer bestimmten Weltanschauung auszudeuten, woraus wir schliessen dürfen, dass dieselbe, wenn auch vielleicht nur in mittelbarer Form, auf die besondere Gestaltung seines Werkes doch irgendwie eingewirkt hat.

Daraus ergiebt sich aber zugleich noch ein Anderes. Wenn nämlich der Akt der künstlerischen Gestaltung unbewusst ist und der philosophische Gedankengehalt dem Schöpfer bei der Ausführung seines Werkes höchstens nur als ein ganz allgemeines Schema vorschwebt, so ist damit ausgeschlossen, dass alles, was einer an Ideengehalt aus jenem Werke herauszieht, als solches auch bewusstermassen vom Künstler vorher hineingelegt sei. Nicht einmal braucht der Letztere immer selbst der beste und zuständigste Interpret seines Werkes zu sein. Denn der immanente Ideengehalt desselben ist auch für ihn ein unbewusster, sein Bewusstsein ist folglich auch ihm gegenüber der Möglichkeit der Täuschung ausgesetzt, und keineswegs ist es immer auch imstande, den ganzen Reichtum jenes Inhalts auszuschöpfen. Ist doch der wirkliche ideale Gehalt eines bedeutenden Werkes um so viel konkreter und reicht er doch so viel tiefer in das

---

[1]) a. a. O. 272.

Wesen der Dinge hinab, als das reflektierende Bewusstsein vor seiner Vollendung ahnen konnte, dass wahrhaft grosse Künstler immer erstaunt vor ihren eigenen Schöpfungen gestanden und sich darüber gewundert haben, woher ihnen jene Fülle an idealen Beziehungen gekommen. Wenn ein solcher Künstler dann aber hinterher daran geht, sich diesen Inhalt zum Bewusstsein zu bringen, dann kann er dies nur in Gemässheit seiner jeweiligen abstrakten Weltanschauung, und es ist kein Wunder, wenn seine eigene Deutung auch immer nur mehr oder minder abstrakt und einseitig ausfällt.

I.
Wagner und Feuerbach.

Betrachten wir unter diesem Gesichtspunkte den „Ring des Nibelungen", so ist es freilich vor allem nötig, zu wissen, welche Auffassung Wagner selbst von seinem Werke gehabt hat, oder — falls er uns hierüber nicht genügend aufgeklärt haben sollte — nach welcher Richtung wir diese Erklärung suchen müssen. Dazu müssen wir aber die näheren Umstände kennen lernen, unter denen sein Werk zustande gekommen ist, und dies ist wiederum unmöglich, ohne dass wir uns seine ganze geistige Entwickelung wenigstens in ihren allgemeinsten Zügen klar machen, die ihn zu seinem Werke hingeführt haben.[1]

Dabei können wir die erste Jugendzeit des Meisters übergehen. Es genügt auch, an seine Sturm- und Drangperiode nur kurz zu erinnern, wo der Schöpfer der „Feen" und des „Liebesverbotes" sich mit dem sogenannten „Jungen Europa" gegen den abstrakten Mysticismus der Romantik ereiferte und in unklarer Schwärmerei für einen konstitutionellen Liberalismus auch in der Kunst einer kosmopolitischen Weltanschauung huldigte. Sein Aufenthalt in Paris in den Jahren 1839—42 verleidete ihm diesen Kosmopolitismus und liess ihn die Wurzeln seiner Kraft im nationalen Boden finden. Wagner war bekanntlich nach Paris

---

[1] Vgl. hierzu: „H. Dinger: R. Wagners geistige Entwickelung. Versuch einer Darstellung der Weltanschauung R. Wagners mit Rücksichtnahme auf dessen Verhältnis zu den philosophischen Richtungen der Junghegelianer und Arthur Schopenhauers." 1892.

gegangen, um durch Meyerbeers Vermittelung seinen „Rienzi"
bei der dortigen Grossen Oper anzubringen. Die Enttäuschungen,
die seiner hier warteten, der Einblick in das künstlerische und
gesellschaftliche Treiben an einem Orte, den er bis dahin nur
immer als den eigentlichen Muttersitz der europäischen Kunst
verehrt hatte, dies alles flösste ihm einen tiefen Widerwillen ein
und lehrte ihn, im Strudel der Weltstadt sich auf sich selbst
besinnen. Als er infolge der Annahme seines „Rienzi" an der
Hofoper zu Dresden sich dorthin begab, stand ihm sein Ziel bereits
klar vor Augen, und „Der fliegende Holländer" sollte ihm dazu
die Bahn eröffnen.

Wagner betrat den deutschen Boden mit der Absicht, Revolution zu machen, eine Revolution der deutschen Kunst, die
das Vaterland des „Freischützen" vor einem Treiben bewahren
sollte, wie er es im Auslande auf das Tiefste verachten gelernt
hatte. Er wollte eine neue Kunst ins Leben rufen, wodurch die vielen
ausländischen Produkte, die damals den Bühnenmarkt beherrsch-
ten, wie Spreu vor dem Sturmwind über die Grenze gefegt werden
sollten. Mutig nahm er den Kampt mit den widerstrebenden
Mächten auf und brachte es in kurzer Zeit dahin, dass er nicht bloss
fast die ganze allmächtige Schar der damaligen Zionswächter des
deutschen Kunsttempels gegen sich in Harnisch gerufen, sondern
— was schlimmer war — auch die Gunst des grossen Publikums
eingebüsst hatte. Dasselbe Publikum, das dem „Rienzi" be-
geistert zugejubelt hatte, blieb kalt bei der Aufführung des
„Holländer" und wusste mit dem „Tannhäuser" (1845) vollends
gar nichts anzufangen. „Lohengrin" entstand, aber sein Schöpfer
konnte sich nicht verhehlen, dass sein Bestreben, die Revolution
durch das Schaffen neuer Werke herbeizuführen, an der Ver-
ständnislosigkeit der Masse gescheitert sei. Da begriff er, dass die
Kunst nur durch eine Reformation des gesamten öffentlichen Lebens,
der ganzen modernen Gesellschaft überhaupt zu reformieren sei.

In diesem Gedanken berührte sich Wagner mit der demo-
kratischen Bewegung, die in den vierziger Jahren ihr Haupt
erhob und die in geistiger Beziehung durch die linkshegelsche
Philosophie eines Ruge und Feuerbach beeinflusst wurde.
Das Schlagwort dieser politisch-sozialen Bewegung war das
„Recht auf Revolution." Man hatte es als geschichtsphilosophi-
schen Begriff aus Hegels Prinzip der Entwickelung abgeleitet

und stellte es geradezu als eine sittliche Forderung auf, die bestehenden Verhältnisse möglichst rasch einer höheren Stufe der Vollkommenheit, wie man dieselbe verstand, entgegenzuführen. Wagner selbst malte sich „das neue Weltalter" als eine glückselige Zukunft aus, als einen durch die Politik herbeigeführten Zustand der staatlichen und sozialen Freiheit, wo mit den verbesserten wirtschaftlichen Verhältnissen auch die idealen Bedürfnisse der Menschheit besser als bisher befriedigt würden. Darum verschmolz ihm jetzt das künstlerische mit dem politischen Interesse, und der Kunstreformator Wagner wurde zum politischen Revolutionär, weil er nur auf diesem Wege eine Erfüllung seiner eigenen idealen Wünsche erhoffte.

Wie weit er nun persönlich an jener Bewegung teilgenommen und welche Rolle er während des Maiaufstandes zu Dresden im Jahre 1849 gespielt hat, das kann hier füglich unerörtert bleiben. Genug, dass Wagner wegen seiner politischen Umtriebe über die Grenze fliehen musste und sein Heim in Zürich aufschlug, um hier in der Verbannung seine nächsten Jahre hinzubringen. Der Möglichkeit beraubt, sich als ausübender Künstler zu bethätigen, verwandte er seine unfreiwillige Musse zunächst darauf, sich in rein theoretischen Abhandlungen über seine bisherigen Bestrebungen Rechenschaft zu geben, zugleich aber auch auf diese Weise die Allgemeinheit für seine kunstreformatorischen Ideen zu interessieren. So schrieb er: „Die Kunst und die Revolution", „Das Kunstwerk der Zukunft" und „Oper und Drama".

Das Fehlschlagen des Dresdener Aufstandes hatte zur Folge, dass Wagner seine Ideen ihres spezifisch politischen Gehaltes entkleidete und den Gedanken der Reform in einem viel allgemeineren Sinne fasste. Er glaubte nicht mehr an eine besondere welthistorische Bestimmung des deutschen oder gar des sächsischen Volkes, woraus die Saat der Zukunft entkeimen würde. Als Träger der Entwickelung erschien ihm nun die Menschheit überhaupt und damit zugleich als das alleinige Objekt seiner weltbeglückenden Ideen. Darum suchte er jetzt auch die letzteren zu einem universelleren Standpunkte emporzuläutern und sich den Weltzusammenhang in einer neuen tieferen Weise auszudeuten. Derjenige aber, an den er sich hierbei anschloss und aus dessen Schriften er die philosophische Begründung seiner reformatorischen Gedanken schöpfte, war Feuerbach, der genialste und in gewissem Sinne radikalste Schüler Hegels.

Bis dahin hatte Wagner an dem theistischen Gottesglauben seiner Jugend, wie an etwas Selbstverständlichem, festgehalten. Jetzt lehrte ihn Feuerbach, dass alle religiösen Vorstellungen eines persönlichen Gottes, einer Unsterblichkeit u. s. w. bloss anthropomorphische Fiktionen wären, die, gleich Nachtgespenstern, vor dem hellen Licht der Wirklichkeit verbleichen. Bis dahin hatte er im Christentum die höchste Form der religiösen Bethätigung verehrt und dieser Religion im „Tannhäuser" und „Lohengrin" eine entscheidende Bedeutung zugestanden. Jetzt verwarf er alle Religion überhaupt als schädlichen Aberglauben, besonders aber das Christentum, weil es den Menschen von seiner eigentlichen irdischen Heimat abzieht und seine Blicke auf ein ideales Jenseits richtet, das gar keine reale Existenz besitzen kann. Wagner entschlug sich aller religiösen Vorstellungen und bekannte sich zu einem nackten Atheismus. Er verurteilte aber zugleich auch allen Glauben an eine abstrakte Wahrheit und berauschte sich mit Feuerbach am Kultus der Sinnenwelt.

Es giebt nur Eine Wirklichkeit, und das ist die sinnliche, konkrete Wirklichkeit. Es giebt nur Einen Grund des Seins, worin dessen verschiedene Gestalten wurzeln, und das ist die Natur, als das unmittelbar wahrgenommene Sein. Die Natur ist die allmächtige Kraft, die alles zeugt und formt, nicht nach ausser ihr liegenden Zwecken, sondern nach einem ihr immanenten Gesetz, ohne doch selbst ein Bewusstsein davon zu haben. Ihr Dasein ist Leben, ihr Leben ist Entwickelung. Die höchste Stufe der Entwickelung aber ist der Mensch, worin sie zum Bewusstsein ihrer selbst gelangt. Auch der Mensch hat keinen Zweck ausserhalb der Natur. Er ist nur die Darstellung oder das Bild derselben und kann daher nur die Aufgabe haben, als Mikrokosmus den Makrokosmus abzuspiegeln. Nun stellt sich aber die Natur überall als die höchste Einheit des Individuellen und des Allgemeinen dar. Alle Ausbildung des Einzelnen und Besonderen hat nur den Zweck, der Allgemeinheit zu Gute zu kommen. Folglich muss dies auch das Ziel der menschlichen Entwickelung sein. Wir haben das Individuelle in uns zur möglichsten Entfaltung zu bringen, um Glieder und Organe der Allgemeinheit sein zu können. Erst in ihr erreicht die Menschheit ihr höchstes Ziel;

dies Ziel ist aber zugleich auch mit der höchsten Glückseligkeit verbunden. Alles individuelle Glück ist bloss zufällig und vergänglich. Wahre Glückseligkeit ist nur im Allgemeinen.

Diese Anschauung Wagners in den erwähnten Schriften macht freilich auf besondere Originalität keinen Anspruch. Es ist nur der alte Naturalismus, wie er auch heute noch vielfach im Schwange ist, der Naturalismus Feuerbachs und der Junghegelianer, der bei Wagner nur eine spezifisch ästhetische Färbung und künstlerische Zuspitzung erhalten hat. Denn worauf dieser eigentlich hinaus will, ist das ideale „Kunstwerk der Zukunft", als das natürliche Produkt der Menschheitsentwickelung, die Wagner durch seine Schriften hofft beschleunigen zu können.

Jene Vereinigung des Individuellen und Allgemeinen nämlich, worin er das Ziel der Entwickelung erblickt, ist keine sich von selbst vollziehende, sondern sie wird nur durch harte Konflikte errungen, durch höchstes Anspannen der ethischen Energie auf Kosten des individuellen Glückes. Es ist die „Not", die Empfindung der Besserungsbedürftigkeit des gegenwärtigen Zustandes, die den Einzelnen zum Kampfe treibt, zum Kampfe gegen die verhärteten Egoisten einerseits, gegen veraltete Zustände und Gesetze andererseits, die keine Existenzberechtigung als das Herkommen besitzen. Dieser Kampf aber wird erleichtert durch die Liebe. Unter allen Prinzipien der Wagnerschen Weltanschauung kommt ihr die grösste Bedeutung zu. Denn die Liebe überwindet den Egoismus und vermittelt als geheimes Band den Zusammenhang unter den Individuen. Sie ist es, die den Menschen die Augen öffnet, das Wissen zeugt und dadurch den Einzelnen willfährig macht zur Vereinigung mit dem Allgemeinen, woraus die Glückseligkeit hervorspriessen wird. Die Liebe verleiht daher schon jetzt die höchste Glückseligkeit, in welcher Form sie sich auch äussern möge. Keine Form der Liebe aber übertrifft die Geschlechtsliebe an Bedeutsamkeit. Ist doch sie das natürliche Band zwischen dem Individuellen und dem Allgemeinen. In der Hingabe des Weibes an den Mann und umgekehrt vollzieht sich schon jetzt im Einzelfalle die Entäusserung des Egoismus an den Kommunismus. Die Vereinigung der Liebenden, woraus der erlösende Mensch der Zukunft hervorgeht, ist darum die höchste sittliche That.

Trotz der Liebe aber glaubt Wagner nicht an eine friedliche Entwickelung der Dinge. Wie der Fortschritt des Einzelnen sich nur im Kampfe vollziehen kann, so kann auch der allgemeine Fortschritt nur durch eine grosse Menschheitsrevolution herbeigeführt werden. Erst müssen durch Entfesselung der individuellen Kräfte die Bedingungen der Zukunft geschaffen werden. Auf diese Revolution hofft Wagner mit der ganzen Bestimmtheit seines Wesens. Schon glaubt er ihre Zeichen überall wahrzunehmen und ist sicher, dass sie nicht mehr lange wird ausbleiben können. Von Frankreich aus wird sie sich über den ganzen Erdball verbreiten und der Menschheit ein neues Weltalter bescheeren. Dieses selbst denkt sich Wagner als eine Art Synthese zwischen Griechentum und Christentum. Aus mühselig beladenen „Tagelöhnern der Industrie" sollen die „schönen und starken Menschen der Zukunft" zu gleichberechtigten Mitgliedern einer neuen politischen und socialen Gemeinschaft werden. Auf dem Grabe der kapitalistischen Wirtschaftsordnung, wie der Egoismus sie aufgerichtet hat, soll sich das Banner eines kommunistisch gestalteten Zukunftsstaates erheben, in welchem die Allgemeinheit über die Einzelheit triumphiert. Hier wird alsdann zugleich mit der grössten Freiheit auch die höchste Glückseligkeit verliehen, und selbst die Arbeit um das tägliche Brot wird eine genussbringende Beschäftigung sein.

Man sieht, dieses neue politische Ideal Wagners hat viele Züge mit den Utopien der heutigen Sozialdemokratie, um nicht zu sagen: mit dem Anarchismus gemein. Es ist daher nicht zu verwundern, wenn die Vertreter dieser Richtungen den Dichterkomponisten vielfach für sich in Anspruch genommen haben. In einer Hinsicht aber unterscheidet er sich doch wesentlich von ihnen, nämlich in seiner Betonung des Ästhetischen und des Künstlerischen. Denn während jene Richtungen bei dem materialistischen Charakter ihrer Weltanschauung das physische Behagen in den Vordergrund stellen, sind die wirtschaftlichen und politischen Verhältnisse für Wagner nur der Boden, worauf sich die Blüte einer neuen Kunst erheben soll. Das Kunstwerk, wie es ihm als Ideal vorschwebt, bedarf nämlich, um zu gedeihen, jener „schönen und starken Menschen der Zukunft" als Publikum. Soll es doch auch nach seiner Ansicht nicht das zufällige und willkürliche Erzeugnis eines Einzelnen sein, sondern selbst aus dem Schosse der Allgemeinheit hervorgehen. Wir leben heute in einer Zeit der vereinzelten Genies. In der Zukunft jedoch wird das Genie nicht mehr vereinzelt darstehen, sondern es wird ein Gemeinsames, allgemein Menschliches sein. Aber auch die Kunst wird keine einzelne mehr sein. Das Kunstwerk der Zukunft wird vielmehr alle Gattungen der Kunst umspannen, um jede einzelne von ihnen gewissermassen als Mittel zu verbrauchen zu Gunsten der Erreichung des Gesamtzweckes aller, in welchem sich die menschliche Natur in ihrer höchsten Vollendung darstellt. Dieses grosse Gesamtkunstwerk also wird das gemeinsame Werk der zukünftigen Menschheit sein, und darin eben liegt seine Verwandtschaft mit dem Mythus.

Wenn hieran etwas merkwürdig ist, so ist es der Umstand, dass Wagner selbst thatsächlich an die Verwirklichung seiner Ideen glaubte. Dieser Glaube versetzte ihn in eine gehobene Stimmung und drängte ihn von neuem auf die Bahn des künstlerischen Schaffens. Am 28. August 1850 hatte unter Liszts Leitung die erste Aufführung des „Lohengrin" in Weimar stattgefunden. Der grosse Erfolg des Werkes veranlasste Liszt, den Freund zu einer neuen Arbeit anzuspornen, und dies gab den Anstoss zu einer Periode im Kunstschaffen Wagners, die deutlich die Spuren seiner nunmehrigen philosophischen Weltanschauung wiederspiegelt.

Die Eindrücke der letzten Jahre hatten verschiedene Entwürfe zu Dramen in ihm angeregt, die nur der Übertragung in die künstlerische Wirklichkeit harrten. Schon bald nach Vollendung des „Tannhäuser" war ihm der Gedanke zu den „Meistersingern" gekommen. Wagner hatte hier, entsprechend seinen eigenen Bestrebungen, den Sieg einer neuen Kunst über eine historisch nicht mehr berechtigte alte, den Sieg des Gefühls über die starre Regel darstellen wollen, woraus dem Volk ein neues Heil erwachsen sollte. Damals hatte der heitere Stoff hinter dem ernsten „Lohengrin" zurückstehen müssen. Allein auch jetzt, wo ihm seine künstlerischen Ideale zu einer Sache der gesamten Menschheit geworden waren, passte er nicht zu Wagners Stimmung. Erst als er ihm in den sechziger Jahren durch seine eigenen damaligen Erfahrungen als Künstler wieder nahe gelegt wurde, feierte jener Stoff in den „Meistersingern von Nürnberg" seine Auferstehung. Ein anderer Stoff, der mit jenem eine gewisse Verwandtschaft hatte, „Wieland der Schmied", ist überhaupt bloss Entwurf geblieben. Auch hier sollte ein Künstler im Mittelpunkte der Handlung stehen, und diese sollte dessen Leiden unter dem Druck der Allgemeinheit, sowie die schliessliche Erhebung des Künstlers über die Allgemeinheit schildern. Jetzt aber war die Allgemeinheit in Wagners Augen nicht mehr jener König Neiding, der den Künstler in unwürdige Fesseln schlägt. Hoffte er doch selbst auf den Sieg der Allgemeinheit, indem er in ihr den Boden für eine neue Kunst erblickte! Damit liess sich die Grundidee seines „Wieland" nicht vereinigen. Und noch ein dritter Stoff hatte Wagner in den letzten Jahren beschäftigt. Es war der „Jesus von Nazareth". Wagner fasste ihn auf als das liebende und liebebedürftige Gemüt, das vergeblich bemüht ist, die niedrige Sinnlichkeit einer im Egoismus verkommenen Welt durch die Liebe zu einer neuen höheren Art von Sinnlichkeit zu führen. Das Selbstopfer Jesu galt ihm als „die unvollkommene Äusserung desjenigen menschlichen Triebes, der das Individuum zur Empörung gegen eine lieblose Allgemeinheit drängt."[1]) Allein eben weil diese Äusserung ihm unvollkommen erschien, weil sie ihren Zweck nicht erreichte, entsprach, von allen übrigen Bedenken abgesehen, der Gegenstand nicht seiner damaligen siegesfrohen Stimmung. Glaubte er doch das neue Weltalter schon an der Thür zu hören!

Wohl aber schien ihm jetzt ein anderer Stoff mit seiner neuen Weltanschauung zusammenzustimmen und alle diejenigen Bedingungen zu enthalten, die ihn zum Ausdruck dieser letzteren geeignet machten. Vor seiner Phantasie tauchte die Gestalt des jungen Siegfried auf. Bereits in Dresden hatte er Siegfried zum Helden eines Dramas, „Siegfrieds Tod", gemacht, das er im Herbst 1848 vollendet hatte. Jetzt sah er in ihm „den Menschen in der natürlichsten, heitersten Fülle seiner sinnlich belebten Kundgebung" vor sich. Kein historisches Gewand engt ihn ein, kein ausser ihm entstandenes Verhältnis hemmt ihn in seiner Bewegung, jede seiner Handlungen ist der Ausdruck des rastlos in ihm quillenden Lebensbrunnens. Siegfried ist der Knabe, der auszieht, um das Fürchten zu lernen, was ihm aber nie gelingt, weil er mit seinem kräftigen Natursinn die Dinge immer nur so ansieht, wie sie wirklich sind. Er ist ihm „der

---

[1]) R. Wagner: Gesammelte Schriften IV, 332.

männlich verkörperte Geist der ewig und einzig zeugenden Un-
willkür, des Wirkers wirklicher Thaten, des Menschen in der
Fülle höchster, unmittelbarster Kraft und zweifellosester Liebens-
würdigkeit", mit einem Wort: der Typus jenes „schönen und
starken Menschen der Zukunft", des Menschen im feuerbach-
schen Sinne.[1])

So also dichtete Wagner auf Liszts Anregung hin den
„Jungen Siegfried". Es kam hinzu, dass er in „Siegfrieds Tod"
eine Menge von Beziehungen bloss in epischer Form hatte an-
deuten können, um den ganzen Inhalt seines Stoffes auszuschöpfen. Diese epischen Bestandteile erfüllten ihn mit Misstrauen gegen die scenische Wirkungsfähigkeit des Dramas, denn
hier war überall der Mythus noch nicht völlig in die Sinnlichkeit
und Anschaulichkeit des Kunstwerks aufgegangen, sondern der
reflektierenden Kombination des Zuschauers überlassen. Solcher
Bedenken sah sich Wagner überhoben, wenn er dasjenige, was
in „Siegfrieds Tod" nur erzählungsweise hatte mitgeteilt werden
können, nun ebenfalls dramatisch ausgestaltete. Dann konnte er
jedoch auch beim „Jungen Siegfried" noch nicht stehen bleiben,
sondern er sah sich aus den angeführten Gründen genötigt,
diesem letzteren auch noch „die Walküre", sowie „das Rheingold" hinzuzufügen. Das geschah in den Jahren 1851 und 1852.
Wagner hatte soeben sein theoretisches Hauptwerk „Oper und
Drama" abgeschlossen und befand sich nun einem Stoffe gegenüber, der ihm seinem wesentlichen Inhalte nach alles dasjenige
in mythischer und anschaulicher Form zu enthalten schien, was
er in seinen Schriften als Resultat des abstrakten Denkens
niedergelegt hatte. Dieser wesentliche Inhalt aber ist kein anderer als die Erlösung der Welt vom Fluche des Goldes,
die Vernichtung der alten, in den Banden des Egoismus befangenen Welt und die Heraufführung eines
neuen glückseligen Zeitalters durch die Liebe.

Es ist bezeichnend für den abstraktesten Idealisten unter den
modernen Künstlern, bei dem die Sehnsucht nach einem fernen,
weltfremden Ideale den Grundzug seines Wesens ausmacht, dass
er nicht müde geworden ist, das Motiv der Erlösung zu behan-
deln und alle seine verschiedenen Werke nur Variationen dieses

---

[1]) R. Wagner: Gesammelte Schriften IV, 328. Vergleiche die Briefe R. Wagners
an Röckel. 7.

einen Themas bilden. Wie Wagner selbst aus dem unbefriedigenden Zustande der Gegenwart hinweg in eine bessere Zukunft blickte, so geht derselbe sehnsuchtsvolle Zug nach Erlösung durch sein ganzes Schaffen.

Schon der „Rienzi" stellt die Erlösung des römischen Volkes von der Tyrannenherrschaft eines übermütigen, despotischen Adels dar. Viel tiefer aber ist dasselbe Motiv im „Fliegenden Holländer" behandelt. Hier spiegelt sich Wagners eigene Sehnsucht nach der deutschen Heimat, wie er sie in Paris empfand, in der Sehnsucht des Holländers nach dem erlösenden Weibe wieder. Der ruhelos auf dem Meere Umhergejagte schmachtet nach der Heimat, nach dem „Umschlossensein von einem innig vertrauten Allgemeinen", dessen nähere Beschaffenheit er jedoch nicht kennt, wie der Künstler noch selbst keine Ahnung von demjenigen hatte, was seiner in der Heimat wartete. Und wie er dann aus der sinnlichen Behaglichkeit der neuen Stellung in Dresden zur Erkenntnis des inneren Widerspruches zwischen Wirklichkeit und Ideal erwachte, wie er sich hin- und hergeworfen sah zwischen Lebensgenuss auf der einen Seite und schmerzlichen Konflikten andererseits, in die er durch seine reformatorische Stellung zur modernen Kunst gedrängt wurde, da verdichtete sich ihm dieser seelische Widerstreit zu Tannhäusers Verhältnis gegenüber den Lockungen der Venus — und wieder gestaltete sich ihm der Stoff zum Erlösungsproblem: Erlösung aus der Knechtschaft der Sinnlichkeit durch die Fürbitte und den Tod einer reinen Jungfrau. Es ist der Ekel des Künstlers vor der modernen Welt, die „Sehnsucht nach Befriedigung in einem höheren, edleren Element," woraus der „Tannhäuser" hervorgegangen ist. Im „Lohengrin" steht nicht so sehr das Ringen nach Erlösung, als vielmehr das Bringen derselben im Vordergrunde; aber sie wird hier wieder verscherzt, weil der Glaube sich nicht stark genug erweist, um das Heil auch ohne Wissen hinzunehmen. Wagner selbst hat hinterher unter dem Einflusse Feuerbachs auch dem Himmel eine Sehnsucht nach sinnlicher Verkörperung zugeschrieben und die Person Lohengrins als den Ausdruck dieser himmlischen Sehnsucht gedeutet. Dem Wege Tannhäusers „aus den Wollusthöhlen des Venusberges nach oben" sollte „die Sehnsucht (Lohengrins) aus der Höhe nach der Tiefe" entsprechen. Diese Deutung ist aber

offenbar nur eine willkürliche Verkehrung des wahren Sach-
verhaltes, als ob Lohengrin es sei, welcher der Erlösung be-
dürfe![1]) Sie entspricht dem Inhalte seiner Dichtung eben so
wenig, wie die gekünstelte und verschrobene Erklärung, die
Wagner vom Wesen Elsas giebt, und beweist nur die Unrichtig-
keit des Satzes, dass der Künstler selbst der beste Ausleger
seiner Werke sei.[2]) Jedenfalls ist auch im „Lohengrin" das
Thema der Erlösung angeschlagen, wenn es hier auch nicht so
voll und kräftig ertönt, wie alsbald wieder in den erwähnten
dramatischen Entwürfen des „Wieland" und „Jesus von Nazareth".
Es ist überall dasselbe Motiv, das Wagner zum Reformator der
modernen Oper gemacht und dem Künstler die Feder des Litte-
raten in die Hand gedrückt hat. Die Erlösungsbedürftigkeit
der wagnerschen Helden ist nur die Erlösungsbedürftigkeit des
Künstlers selbst. Diese aber ist bei einem so tief und so allgemein empfindenden Künstler, wie Wagner, nur der individuelle Abglanz der Erlösungsbedürftigkeit der modernen Welt.
Indem er seine eigene Erlösungsbedürftigkeit als diejenige der
modernen Welt empfindet, oder indem er sein eigenes individuelles
Ich zur Allgemeinheit ausdehnt, wird der Künstler Wagner dadurch
zum Philosophen, erweitert sich in seinem Bewusstsein die Reformation der Kunst zu einer Reformation der gesamten Menschheit.
Und dieser weltumspannende Gedanke nimmt wieder künstlerische
Formen an und verdichtet sich zum Weltgedichte der Erlösung
aus den Banden des Egoismus in Wagners „Ring des Nibelungen".
    In der That lässt sich dieser Inhalt unschwer aus der Dich-
tung herauslesen, wenn man Wagners damalige Weltanschauung
berücksichtigt. Da erkennt man in Alberich den Vertreter jenes
Egoismus, durch welchen die Erlösungsbedürftigkeit der Welt
bedingt ist. Wie dieser den Rheintöchtern das Gold um den
Preis des Liebesfluches entreisst, ist der Friede in der Welt zerstört, und die „Not" nimmt ihren Anfang. Durch den Zauber
des Ringes, den er sich aus dem Golde anfertigen lässt, macht
sich Alberich zum Herrscher über die Nibelungen, d. h. über
alle diejenigen, deren Begierden, wie die seinigen, am Erdreich
haften, die in der Nacht ihrer Gedankenlosigkeit nichts Höheres
als die Befriedigung ihrer sinnlichen Triebe kennen. Lichtlos

---

[1]) R. Wagner: Gesammelte Schriften IV, 294—302.
[2]) Vgl. Bulthaupt: Dramaturgie der Oper II, 128 ff.

und freudlos dienen sie ihm nun in den Tiefen Nibelheims als
Knechte. Schätze für Alberich zu schmieden, ist ihr Los, und
dabei leben sie in beständiger Furcht vor den Launen des Ty-
rannen, der mit Hilfe der Tarnkappe unsichtbar unter ihnen
weilt und die Geissel auf denjenigen herabsausen lässt, der etwa
daran denkt, sich auszuruhen. Deutlicher können die modernen
„Tagelöhner der Industrie" nicht versinnbildlicht werden. Auch
sie zittern beständig unter der Geissel eines unsichtbaren Ty-
rannen, des Kapitalismus, der sie heute mit Arbeit überhäuft
und sie morgen auf die Strasse schleudert, auch sie haben, wie
Alberichs Knechte, keinen unmittelbaren Anteil an den Schätzen,
die aus ihren Händen hervorgehen, und wofür sie ihren Schweiss
vergiessen müssen.

Den Gegensatz zu Nibelheim bildet das Reich der Götter.
Auch Wotan, ihr oberster Repräsentant, ist nicht frei von Selbstsucht. Aber sein Verlangen ist nicht, wie dasjenige Alberichs,
bloss auf Befriedigung der niederen Sinnlichkeit gerichtet:

„Mannes Ehre, ewige Macht, ragen zu endlosem Ruhm" —

das ist es, wovon Wotan träumt. Dies Ideal veranschaulicht sich
ihm unter dem Bilde Walhalls, der Götterburg hoch droben über
den Wolken, von wo aus er die Welt hofft beherrschen zu können.
Aber das Ideal setzt, um Wirklichkeit zu werden, die Mitwirkung
realer Potenzen voraus, und diese haben die Abhängigkeit von
den allgemeinen Bedingungen der Wirklichkeit zur Folge. Wotan
hat den Riesen dafür, dass sie ihm Walhall erbauten, die Göttin
Freia als Lohn versprochen, Freia, die Liebe, die Wotan in einer
unbedachtsamen Anwandlung seiner Machtbegier glaubte entbehren zu können. Allein ohne Liebe können doch auch die
Götter nicht existieren, und damit verfängt sich Wotan in die
Schlingen seines eigenen Vertrages. Der Gott gerät in die
Abhängigkeit von den realen Mächten. In diesem Augenblicke
kommt ihm Loge zu Hülfe und rät ihm, die Riesen mit dem
Golde zu entschädigen. Beide überlisten Alberich und entreissen
ihm den Ring, woran nun fortan der Fluch des Nibelungen
haftet, der aus seiner Höhe so tief herabgestürzt ist.

Offenbar haben wir in Wotan nur einen anderen, wenn auch
idealeren Repräsentanten des Egoismus vor uns, als dessen
niedrigsten und rücksichtslosesten Vertreter wir Alberich erkannten.

Beider Streben ist auf den Besitz des Ringes gerichtet, des Symbols für die Macht und die bezwingende Zauberkraft des Goldes. Hiernach können wir sie geradezu als die Repräsentanten des Kapitalismus bezeichnen, dessen ideale und reale Seite sie uns vor Augen führen. Auch an den idealsten Bestrebungen hängt der Fluch des Goldes, sobald sie aufhören, bloss in gedanklicher Form zu existieren, und mit der Wirklichkeit ein Bündnis eingehen. Darum hilft es nichts, dass Wotan, vom Brudermorde der Riesen erschüttert und gewarnt durch Erda, die erschlagenen Helden in Walhalls Saal versammelt, um seine Göttermacht gegen den Ansturm der Nibelungen zu schirmen. Was damit ausgedrückt sein mag, ist der Heroenkultus, dessen sich die herrschende Weltordnung als Gegenmittel gegen den drohenden Umsturz bedient. Wenn unsere Zeit die hervorragenden Gestalten und Ideen der Menschheit im Pantheon der Kunst und Wissenschaft zum Schutze der Kultur gegen die Revolution der niederen Masse versammelt, so entspricht das etwa der vorbeugenden Handlungsweise des Göttervaters. Aber schon mehren sich die Stimmen von Tag zu Tag, welche den Schritt der Arbeiterlegionen in der Ferne zu vernehmen glauben. Schon wetterleuchtet es am Horizont, wie um Erdas Prophezeiung vom Untergange der gegenwärtigen Weltordnung wahr zu machen. Nibelheim schmiedet in den Tiefen seine Waffen gegen Walhall.

Indessen war das doch nicht der Ausgang, den Wagner erhoffte. Er wollte keinen Sieg Nibelheims über Walhall, der niederen über die höhere Form des Egoismus, sondern die Erlösung der Welt vom Egoismus überhaupt, und diese schien weder von oben her durch die Götter, noch von unten durch die Zerstörungswut der Heerscharen Alberichs zu erwarten. Erlösung kann der Welt nur vom Menschen kommen, und zwar von einem Menschen, der innerlich frei genug ist, um die Aufhebung der bestehenden Verhältnisse zu wollen, und edel genug, um die Beseitigung dieser Verhältnisse ohne Rücksicht auf eigenen Lohn zu vollziehen. Wotan ist sich wohl bewusst, dass der Egoismuss die Macht der Götter brechen wird und dass er doch unausrottbar ist, so lange das Gold den beständigen Anreiz zum Handeln bildet. Aber er selbst ist unfähig, das Gold aus der Welt zu schaffen, weil seine Macht eben auf diesem beruht und er den Ring nicht zurückerobern kann, ohne dadurch seinen Vertrag mit Fafner zu brechen. Denn nur durch Verträge, durch feste Satzungen und Gesetze vermag sich die bestehende Welt- und Wirtschaftsordnung zu behaupten. So bleibt Wotan nur übrig, auf den Helden zu hoffen, der „freier als er, der Gott", dasjenige ausführt, worin er selbst das Heil der Welt erkannt hat. In dieser Hoffnung spielt er Siegmund das Götterschwert in die Hand, ohne zu bemerken, dass er mit solcher Hülfe, die er dem Helden angedeihen lässt, ja indirekt ebenfalls an seinem Vertrage rüttelt.

In seinen Vorträgen über den „Ring des Nibelungen", die Moritz Wirth im Jahre 1888 zu Leipzig gehalten, hat dieser die Geschwisterehe zwischen Siegmund und Sieglinde als den deut- lichsten Beweis dafür hingestellt, dass wir im „Ringe" das „Welt- gedicht des Kapitalismus" zu erblicken haben. Nach Wirths Ansicht soll Wagner die Liebe der Geschwister zu einander als ein besonders abschreckendes Beispiel dafür angesehen haben, in welch' unmoralische Verhältnisse die Geschlechter durch die kapitalistische Wirtschaftsordnung hineingezwängt werden, indem er dabei an die Zusammenpferchung vieler Menschen in den Arbeiterwohnungen von London und Liverpool erinnert hat.[1]) Trivialer und gröber kann man die Sache wohl nicht deuten. Zu- gegeben auch, dass Wagner selbst, wie aus der Scene zwischen Wotan und Fricka (im zweiten Akte der „Walküre") hervorgeht, auf seiten Frickas steht, so geht doch aus dem ganzen ersten Akte des Dramas hervor, dass er nichts weniger bezweckt hat, als uns vor der Liebe der Geschwister mit Abscheu zu erfüllen. Denn die grossartige Liebesscene zwischen Siegmund und Sieg- linde mit ihrem gewaltigen Pulsschlag der Leidenschaft ist eine so erhabene Offenbarung des wagnerschen Genius, dass sie irgend welche moralischen Empfindungen gar nicht aufkommen lässt. Viel wahrscheinlicher ist, dass der Feuerbachianer Wagner gerade umgekehrt in ihr den Triumph der reinen Sinnlichkeit über alle moralischen Regeln und Abstraktionen hat feiern wollen. Denn die Vereinigung der Geschlechter galt ihm, wie wir sahen, als die höchste Äusserung des welterlösenden Prinzips der Liebe, und diese Bedeutung kann ihr auch dadurch nicht

---

[1]) Vgl. die Referate über die wirthschen Vorträge im „Leipziger Tageblatt". 1888. (18. Januar bis 18. Februar.)

genommen werden, dass es Geschwister sind, welche die Vereinigung vollziehen.

Auch darin, wie Brünnhilde aus tiefstem Mitgefühle mit dem Helden beschliesst, ihn gegen Walvaters Gebot zu schirmen, nachdem Wotan selbst, dem Drängen Frickas nachgebend, Siegmund hat fallen lassen, erkennen wir deutlich das Aufblitzen jener Liebe, die nach Wagner dazu bestimmt ist, den Egoismus zu überwinden. Und wenn dann die Walküre durch den Zorn des beleidigten Gottes für diesen Ungehorsam in den Zauberschlaf versenkt wird, so mögen wir darin wohl ein Sinnbild für die Thatsache erblicken, dass die bestehende Weltordnung eine Durchbrechung ihrer angestammten Gesetze nicht dulden kann, ohne sich selbst aufzugeben, und dass eine auf Ungleichheit beruhende Herrschaft auch die zartesten Regungen des Gefühls unterdrücken muss, sobald sie mit jenen Gesetzen in Konflikt geraten.

Die Zeit der Liebe ist noch nicht gekommen, so lange der Egoismus noch seine Macht in der Welt behauptet. In Siegfried ersteht endlich jener „freie Held", der von Wagner erwünschte und gewollte „Mensch der Zukunft", der sich selbst dazu bestimmt, die alte Weltordnung über den Haufen zu werfen. Schon seine Abstammung aus der Geschwisterehe ist gewissermassen seine erste noch unbewusste Absage an die Tradition und Regel, seine ursprünglichste Auflehnung gegen alles, was bisher für Recht gegolten. Und wie er in der Einsamkeit und Wildnis aufwächst, losgelöst von allem Zwange einer konventionellen Sitte, in voller Selbstherrlichkeit und urwüchsiger Naivität, da erkennen wir, dass in diesem Menschen die Selbstsucht keine Wurzel habe und dass vor ihm, der nur der Stimme seiner eigenen unverfälschten Natur gehorcht, alle Götterpracht mit ihrer egoistischen Machtbegier erbleichen müsse. Ihm gegenüber ist Mime, ebenso wie dessen Bruder Alberich, die Verkörperung des niedrigsten Egoismus, der keinen anderen Wunsch kennt, als das Gold zu besitzen, und der, um zu diesem Ziele zu gelangen, selbst vor dem Morde des Helden nicht zurück scheut. Fafner aber ist der Drache des Kapitalismus selbst, wie er sorgenvoll und ohne ihrer froh zu werden über unbenutzte und unfruchtbare Schätze wacht, bereit, einen jeden, der sich mit ihm einlässt, zu verschlingen, bis er schliesslich unter Siegfrieds Schwert verendet. Sein Tod macht zugleich auch Mimes Hinter-

list ein Ende. Siegfried aber folgt dem Waldvogel zum Brünn-
hildensteine. Der Kapitalismus ist beseitigt, der Egoismus ist
ins Herz getroffen. Da tritt nun dem Helden die letzte feindliche Macht, von deren Überwindung das Heil der Zukunft abhängt, Wotan selbst, als Vertreter der alten Weltordnung, entgegen. Aber jener zerhaut ihm den Speer, in dessen Schaft
Wotan die Runen heiliger Verträge eingeschnitten, erkämpft
sich damit den Zugang zu Brünnhilde und drückt ihr seinen
Kuss auf die Lippen. Da weicht der Schlummer, der sie bisher
umfangen gehalten, von ihr. Aus den göttlichen Höhen, wo sie
einst gewohnt, steigt Brünnhilde in die Sphäre des irdischen
Seins zu Siegfried herab, und beide feiern sie den Bund des
Menschen mit der Liebe, worüber nun die Sonne eines neuen,
von allem Egoismus freien Weltalters aufgeht.

Mit dieser konsequenten Durchführung der Idee, in welcher
sich deutlich Wagners damalige Weltanschauung spiegelt, scheint
die nachfolgende Handlung der „Götterdämmerung" schlecht zu
stimmen. Man begreift nicht, wie der „freieste Held" durch den
Vergessenheitstrank am Hof der Gibichungen zur unfreien Marionette werden kann. Man beginnt das Interesse an Siegfried
zu verlieren, wenn man sieht, wie seine Liebe zu Brünnhilde ver-
blasst, ohne dass man ihm doch daraus einen Vorwurf machen
könnte. Man wird irre an der Idee, wenn man da, wo man
nunmehr das neue Weltalter zu findet erwartet, die alte Welt
mit ihrem Neid, ihrem Hass und ihren Intriguen antrifft, denen
selbst auch ein Siegfried zum Opfer fallen muss.

In der That ist Wagner an keiner Stelle seiner Dichtung
durch den vorgefundenen Stoff so beengt gewesen, wie bei der
„Götterdämmerung". Hier passte der Inhalt nicht zu der er-
griffenen Idee, um so weniger als Wagner diesen Teil seines
Werkes ja gar nicht von vornherein im Sinne jener Idee gestaltet hatte, sondern ihm derselbe in der älteren Dichtung von
„Siegfrieds Tod" bereits vorlag. Darüber wird er freilich von
Anfang an klar gewesen sein, dass insbesondere der Schluss von
„Siegfrieds Tod" geändert werden müsse, wenn sich diese Dichtung in den neuen Rahmen fügen sollte. Hier nämlich hatte er
die Befreiung der Welt vom Fluch des Goldes vor sich gehen
lassen, ohne dass die Götter selbst davon betroffen waren. Brünnhilde hatte den Ring an die Rheintöchter zurückgegeben und

den Scheiterhaufen bestiegen, nicht im Bewusstsein, mit dem Feuer desselben Walhall in Brand zu stecken, sondern dort oben wiederum mit Siegfried vereinigt zu werden:

„Nur Einer herrsche:	Siegfried führ' ich Dir zu:
Allvater! Herrlicher Du!	Biet' ihm minnlichen Gruss,
Freue Dich des freiesten Helden!	dem Bürgen ewiger Macht!"

Und der Chor der Mannen und Frauen hatte die Dichtung mit den Worten beschlossen:

„Wotan! Wotan! Waltender Gott!	Dass wundenheil und rein,
Wotan, weihe den Brand!	Allvaters freie Genossen,
Brenne Held und Braut,	Walhall froh sie begrüssen,
brenne das treue Ross:	zu ewiger Wonne vereint!"

Diese Worte hatten nunmehr ihren Sinn verloren. Der Feuerbachianer Wagner konnte den alten Himmel nicht mehr brauchen. Das Erlösende des neuen Weltalters sollte ja gerade in der Rückkehr zur reinen, von keinen religiösen Vorstellungen entstellten Natur, in der Freiheit und Losgelöstheit von den Fesseln veralteter Gesetze, in der unbeschränkten Bethätigung der Liebe beruhen. Darum wirft jetzt Brünnhilde den Brand in die Götterburg, und mit der alten Weltordnung gehen zugleich auch die Götter und Wotan selbst zu Grunde. Brünnhildes Abschiedsworte an „des blühenden Lebens bleibend Geschlecht" sind an die überlebende Menschheit des neuen Zeitalters gerichtet; den Göttern hingegen dämmert das Ende, weil sie das Vermächtnis der wissend gewordenen Liebe nicht beherzigt haben:

„Nicht Gut, nicht Gold,	trügender Bund,
noch göttliche Pracht,	noch heuchelnder Sitte
nicht Haus, nicht Hof,	hartes Gesetz:
noch herrischer Prunk,	selig in Lust und Leid
nicht trüber Verträge	lässt — die Liebe nur sein."

Trotzem nun hiermit die Idee des ganzen Werkes ihren höchsten, erschöpfenden Abschluss gefunden hatte, scheint Wagner sich über den Widerspruch zwischen den sonstigen Vorgängen der „Götterdämmerung" und den übrigen Teilen des „Ringes" doch keinen Täuschungen hingegeben zu haben. Sucht man sich auch jene im Sinne der übrigen Dichtung zu deuten, so kann man in ihr gewissermassen nur eine zusammengedrängte Wiederholung des ganzen bisherigen Inhaltes sehen. Da blicken wir in eine Welt der Habsucht und des Egoismus, in welcher

die niedrige Sinnlichkeit, das Verlangen nach Gold und Herrschaft die mächtigste Triebfeder aller Handlungen bildet. Da
finden wir selbst den herrlichsten Helden in die Schlingen des
Wahns verstrickt, der ihn seiner ursprünglichen Natur entfremdet. Da gewahren wir die Liebe verstossen und mit Füssen getreten, so dass auch sie sich in den tödlichsten Hass verwandelt.
Erst an der Leiche des ermordeten Siegfried wird Brünnhilde
wissend. Nun wird ihr auf einmal klar, welchem Truge sie zum
Opfer gefallen, wie der Ring allein alles Unheil in der Welt
verschuldet hat, und sie giebt dies Symbol der bisherigen Weltordnung an die Rheintöchter zurück und sühnt ihren Irrtum mit
dem Tode auf dem Scheiterhaufen, womit die alte Welt versinkt
und dessen Flammen zugleich die Morgenröte einer neuen Zeit
verkünden.

Es versteht sich nun freilich, dass bei dieser Auffassung die
„Götterdämmerung" sich nur als Nachspiel, aber nicht als die
konsequente Zuendeführung des eigentlichen Ideengehaltes darstellt. Wie sein Wotan, hatte sich Wagner selbst in die Schlingen
seiner eigenen Theorie verfangen. Er hatte den Mythus für den
idealen Stoff des Dramas erklärt. Aber der Mythus von Siegfrieds Tod fügte sich nicht in die Idee, die er den übrigen Teilen
seines „Ringes" zu Grunde gelegt hatte. Die angeführte „ten-
denziöse Schlussphrase" der Brünnhilde, womit sie die Erben des
neuen Weltalters auf die Verwerflichkeit des Besitzes und die
allein beseligende Kraft der Liebe hinweist, marterte ihn, wie er
selbst berichtet, in dieser Zeit fortwährend.[1]) Nach der Sachlage
werden wir schliessen dürfen, dass sich diese Unzufriedenheit
mit seinem Werke auf das ganze abschliessende Drama überhaupt erstreckt hat. An jener Stelle hatte er die Idee des Ganzen
deutlich ausgesprochen, seine Absicht, wie er sagt, „gewaltsam
zur Geltung gebracht". Daran aber musste ihm offenbar werden,
dass diese Absicht in der „Götterdämmerung" wenigstens keinen
entsprechenden Ausdruck gefunden habe.

Nun standen offenbar nur zwei Wege offen, um aus dieser
Schwierigkeit herauszukommen: entweder musste er den Mythus
willkürlich ändern und versuchen, ihn an seinen eigenen abstrakten Ideengehalt anzupassen. Oder aber er musste dem

---

[1]) Brief an Röckel. 67 f.

alten Stoff des Mythus eine neue Idee zu Grunde legen. Da
auf einmal geschah etwas Unvorhergesehenes, was allem Schwan-
ken und Zweifeln ein Ende machte: Wagner änderte seine
Weltanschauung — und nun wusste er, welchen der beiden
Wege er zu beschreiten hatte.

II.

Wagner und Schopenhauer.

Es war im Sommer 1854, als Wagner durch Herweghs
Vermittelung die „Welt als Wille und Vorstellung" von Arthur
Schopenhauer kennen lernte. Der Eindruck, den er von ihr
empfing, war der denkbar stärkste. Wohl selten ist die Weltanschauung eines hervorragenden Menschen durch die Lektüre
eines einzigen Buches scheinbar so plötzlich in ihr gerades
Gegenteil verkehrt worden, wie es hier mit R. Wagner der Fall
war. Die Philosophie des Einsiedlers von Frankfurt wirkte auf
ihn, wie eine Offenbarung. Er fühlte eine Saite in seinem Innern
angeschlagen, die ihm wie die Stimme der Erlösung ertönte.
„Ich gestehe", schreibt er an Röckel, „dass ich mit meinen
eigenen Lebenserfahrungen gerade soweit gekommen war, dass
nur noch Schopenhauers Philosophie mir gänzlich angemessen
und bestimmend werden konnte. Dadurch, dass ich rückhaltlos seine
sehr, sehr ernsten Wahrheiten aufnehmen konnte, habe ich meinem
innersten Drange am entschiedensten Genüge geleistet, und wie-
wohl er mir eine von meiner früheren ziemlich abweichende
Richtung gegeben hat, entsprach doch diese Wendung einzig
meinem tiefleidenden Gefühle vom Wesen der Welt."[1]
Wagner ist sich also, wie aus diesen Worten klar hervorgeht,
des Gegensatzes der schopenhauerschen Weltanschauung zu
seinem früheren feuerbachischen Standpunkte wohl bewusst gewesen. Indessen ist der Widerspruch zwischen dem letzteren
und dem nunmehr eingenommenen Standpunkt Wagners keineswegs so gross, dass wir vor jener plötzlichen Umwandlung wie

[1] a. a. O. 52.

vor einem psychologischen Rätsel stünden. Auf diesen Umstand hat keiner so eindringlich, wie Chamberlain in seinem bereits früher angeführten Werke, hingewiesen.[1]) Ein Punkt ist dabei sogleich in die Augen fallend: der Vorzug, den Feuerbach sowohl wie Schopenhauer, und zwar beide im Gegensatze zur rationalistischen Weltanschauung (Hegel), der sinnlichen Anschauung vor dem begrifflichen Denken zuschreiben. Diese Ansicht, die aus leicht verständlichen Gründen den Künstler Wagner an Feuerbach gefesselt, und die er selbst in seinen theoretischen Schriften mit Entschiedenheit vertreten hatte, sie fand er nun als Lehre von der sekundären Natur des Intellektes bei Schopenhauer wieder in einer Form, die zugleich ihre metaphysische Begründung einschloss.

Trotz solcher Übereinstimmung in einem prinzipiellen Punkte ist nun aber doch die Differenz zwischen den beiden erwähnten Denkern so gross, dass persönliche Gründe gewichtigster Art hinzukommen mussten, um Wagner so schnell für den neuen Standpunkt zu gewinnen. In der That bemerkt dieser selbst in dem gleichen Brief an Röckel, woraus wir die obigen Worte entnommen haben, dass ihn Schopenhauers Werk „in einer sehr entscheidenden Katastrophe seines inneren Lebens zur Ausdauer und Kraft der Entsagung gestärkt" habe. Seine eigene damalige Stimmung also kam der schopenhauerschen Philosophie entgegen. Wagner hatte in seinen theoretischen Schriften eine Reihe von idealen Forderungen an die Wirklichkeit gestellt, welche diese keine Anstalten machte, einzulösen. Er hatte seit dem Fehlschlagen des Dresdener Aufstandes auf den Ausbruch der grossen Menschheitsrevolution geharrt. Aber ein Jahr nach dem andern war hingegangen, ohne dass die Zeitverhältnisse seinen überschwänglichen Erwartungen schienen Recht geben zu wollen. Seine damalige Gemütsbeschaffenheit hat Dinger treffend geschildert: „So lange Wagner predigte, hatte er im Vollgenusse der Entfaltung seiner Lehren geschwelgt, nun er geendet hatte und mit offenen Armen die Menschheit an die Brust drücken wollte und rufen: „Seid umschlungen, ihr Millionen", sah er sich um — und sah, dass er allein auf einsamer Höhe stand; er rief, die da unten möchten heraufkommen, — diese

---

[1]) Chamberlain: a. a. O. 137 ff.

lächelten, sie verstanden ihn nicht und gingen in ihrem gewohnten Tagewerk weiter. Da überkam ihn die Verzweiflung. Er hatte nicht die Einsamkeit aufsuchen wollen, unbemerkt war er ihr zugeschritten; während er sang und predigte, hörte er sein eigenes Wort wiederhallen und lauschte dem jubelnden Klange dieses Wortes, — als er geendet, erschrak er vor der gespenstigen Öde, in der es verhallt war. Auch sein Klagen drang nicht hinab ins Thal, mit furchtbarem Trotze gab er sich dem Tode der Einöde preis, nachdem er verzweiflungsvoll nach Hilfe gerufen. — Da plötzlich vernahm er in dem Stadium des höchsten Jammers den Ruf: deine Einsamkeit ist dein unabänderliches Los, weil du anders bist als die Menge; darum wirst du ewig einsam sein. Dein Leiden ist absolut, alles Leben ist Leiden, — es giebt keine Brücke zwischen dir und dem Thale, es ist dein Schicksal, einsam über der Welt zu stehen."[1])

Es war die Lehre Schopenhauers vom Genie, die ihm hier, wie die Stimme des Trösters in der Wüste, entgegentönte. Wagner kannte die Qualen des Genies, er hatte sie an sich selber durchgekostet, all die Jahre lang, seitdem er aus Paris zurück war. Er wusste, was es heisst, einsam und unverstanden durch die Welt gehen müssen, während das Herz zum Zerspringen voll ist von all den grossen und herrlichen Ideen, die man im freudigen Mitteilungsdrange verkünden möchte. Seine Anforderungen an Welt und Mitmenschen waren von jeher so gross gewesen, dass immer nur die Wenigsten dem kühnen Fluge seiner Gedanken hatten folgen können. Nun deckte ihm Schopenhauer sein eigenes inneres Wesen auf, und er war freudig überrascht, sich selbst, wie in einem getreuen Spiegelbilde, wiederzufinden.

Dazu kam nun Schopenhauers eigentümliche Musikästhetik. Was er selbst bisher nur dunkel empfunden hatte, das fand er hier mit klaren Worten ausgesprochen, als wäre es geradezu für ihn bestimmt gewesen. Und in welchem Lichte zeigte ihm der Philosoph seine Kunst — das musste ihm vollends das Herz des Musikers gewinnen. Während alle übrigen Künste den Willen, als das metaphysische Wesen der Welt, nur durch das Medium der Ideen abbilden, überspringt bekanntlich nach

---

[1]) Dinger: a. a. O. 325 f.

Schopenhauer die Musik dieses Mittelreich zwischen dem Wesen und unserem Bewusstsein und ist sonach eine unmittelbare Darstellung oder Objektivation des Willens. „Der Komponist offenbart das innerste Wesen der Welt und spricht die tiefste Weisheit aus in einer Sprache, die seine Vernunft nicht versteht, wie eine magnetische Somnambule Aufschlüsse giebt über Dinge, von denen sie wachend keinen Begriff hat."[1]) Damit wurde nun der Musiker zum unbewussten Metaphysiker und Propheten, eine Rolle, die Wagner bisher höchstens dem Dichter zuerkannt hatte. Kein Wunder, dass er sich diese Lehre zu eigen machte, ohne weiter nach ihrer rationellen Begründung zu fragen. Schöpfte er doch aus ihr zugleich neuen Mut, mit der musikalischen Ausgestaltung seines Werkes fortzufahren, nachdem er bis dahin die Komposition des „Rheingold" und eines Teils der „Walküre" „unter grossen inneren Leiden" vollendet hatte.[2])

Allein die Verwandtschaft zwischen der bisherigen Welt- und Lebensanschauung Wagners und der Lehre des Frankfurter Philosophen ging noch tiefer. Sie stimmten vor allem auch in der pessimistischen Grundansicht zusammen, der in Schopenhauers Philosophie eine so entscheidende Bedeutung zukommt. Zwar hatte sich Wagner in Übereinstimmung mit Feuerbach „mit seinen Begriffen eine hellenistisch-optimistische Welt aufgebaut", deren Realisierung er für möglich gehalten hatte, sobald die Menschen nur wollten. Seinem Gefühle war jedoch, wie wir dies auch seiner ganzen Charakteranlage nach erwarten müssen, von jeher eine pessimistische Grundstimmung eigentümlich gewesen. Wer so leidenschaftlich mit seinen idealen Forderungen vor die Wirklichkeit hintritt, wie Wagner, der kann sich in dieser Welt unmöglich befriedigt fühlen. Darum hatte er auch, wie er selbst hervorhebt, jene feuerbachische Glückseligkeitslehre nur „mit höchster Gewaltsamkeit aufrecht zu erhalten" vermocht,[3]) und wir dürfen es ihm wohl glauben, wenn er an Röckel schreibt: „Mir fiel es schon längst schwer, dem steten Andrang der Erscheinungen auf meine Erkenntnis gegenüber, mich auf optimistischen Füssen zu erhalten, und Freund Schopenhauer half mir mit seiner enormen Kraft eben nur, den letzten jüdischen Aberglauben (den Optimismus) auszutreiben, um, zwar mit grossem Schmerze, aber

---

[1]) Schopenhauer: Die Welt als Wille und Vorstellung I. 307.
[2]) Briefe an Röckel 42. 50.   [3]) Ebd. 66.

mit dem Troste, die letzte willkürliche Täuschung von mir geworfen zu haben, mich so frei zu machen, als man eben sein kann."[1]) Wagner verachtete nun auf einmal den „geist- und herzlosen Optimismus", als dessen Verkörperung er mit Schopenhauer das Judentum ansah, jene Weltklugheit, der alle Mittel recht sind, wenn nur Magen und Beutel recht voll zu machen ist, und die keine höheren Ziele kennt, als sich die Welt, wie sie nun einmal ist, gehörig herzurichten. „Wie göttlich", ruft er aus, „ist dagegen das offenbare Bekenntnis der Nichtigkeit dieser Welt im ursprünglichen christlichen Gedanken, und wie herrlich sind Buddhas Lehren, die uns durch unser Mitleid Eins mit allem Lebenden machen!"[2])

Es ist, wie wir früher gesehen haben, ein Grundzug Wagners, den Blick beständig über die gegebene Lage hinaus auf einen idealen Zustand zu richten und von ihm die Lösung der gegenwärtigen Dissonanzen zu erhoffen. Diese Sehnsucht nach Erlösung klingt durch alle seine Werke hindurch und hat ihn zum Reformator der modernen Kunst gemacht. Und nun fand er diesen selben Zug bei Schopenhauer wieder, erkannte er dessen Philosophie als eine Philosophie der Erlösung, die nicht bloss ihn selbst aus dem Zustande des schmerzlichsten Zerfallenseins mit der Welt erlöste, sondern ihn auch in klaren Begriffen lehrte, was eigentlich Erlösung sei, und wovon wir erlöst zu werden wünschen müssen.

Bisher hatte er den gegenwärtigen Weltzustand für den Grund unseres Unbefriedigtseins gehalten. Jetzt offenbarte ihm Schopenhauer, dass nicht die zufällige Beschaffenheit der Welt, sondern diese selbst, die ganze Welt ihrem innersten Wesen nach der Erlösung bedürfte. Bisher hatte er die Erlösung in der Heraufführung einer neuen Zeit, der Aufrichtung einer neuen von allem Egoismus freien Weltordnung gefunden. Jetzt musste er von Schopenhauer erfahren, dass der Egoismus nicht aufgehoben werden kann, weil er nur der notwendige Ausdruck des Willens, der Wille aber das metaphysische Wesen in allen empirischen Erscheinungen darstellt. Daraus folgt aber, dass, wenn es eine Erlösung vom Egoismus geben soll, diese höchstens nur in der Erlösung vom Willen, in der Verneinung des Willens

---

[1]) a. a. O. 54.   [2]) Ebd. 61.

zum Leben, in der völligen Aufhebung der Erscheinung, der Einkehr ins Nirwana gefunden werden kann.

Wagner erging es, wie jedem, der aus dem klaren Lichte der gewöhnlichen Tagesmeinungen zum ersten Mal in den geheimnisvollen Dämmerschein der schopenhauerschen Mystik eintritt. Er war hingerissen. Wie kleinlich seicht und platt erschien ihm nun seine eigene frühere Weltanschauung, wie eine Schulstube neben dem Innern eines gotischen Domes! Aber während der Zauber von Anderen gewöhnlich weicht, sobald sie wieder ins reale Leben hinaustreten, und die offenbaren Mängel und Widersprüche dieser Weltanschauung ihnen ein dauerndes Verweilen in dem Gebäude der schopenhauerschen Philosophie unmöglich machen, blieb Wagner hier um so mehr gefesselt, als er selbst sich gewissermassen in jene Anschauung bereits hineingelebt hatte, noch bevor er überhaupt Schopenhauers Namen gekannt hatte. Insofern hat Chamberlain ganz Recht: „Schopenhauer bedeutet nicht für ihn die Entdeckung eines neuen Landes, sondern die Rückkehr in die ureigene Heimat. Nur offenbart ihm der klare Geist Schopenhauers in dieser eigenen Heimat manches, was er vorher nicht deutlich erblickt hatte."[1])

Vor allem regte die Mystik Schopenhauers verwandte Stimmungen in ihm an, über die er sich nur bisher, als Anhänger Feuerbachs, keine Rechenschaft gegeben hatte. Wagner war viel zu sehr Deutscher und viel zu sehr Idealist, um in dem antimetaphysischen Sensualismus Feuerbachs dauernde Befriedigung finden zu können. So kam es, dass er, der noch eben einer kecken Sinnlichkeit das Wort geredet und als wirklich nur hatte annehmen wollen, was mit den Sinnen wahrnehmbar ist, von einer objektiven Erkenntnis durch die Sinne überhaupt nichts wissen wollte und die wahrgenommene Welt für Schein und Täuschung erklärte. Kants „grosse Entdeckung von der Idealität aller Erscheinungen", d. h. die Lehre, dass Raum, Zeit, Kausalität etc. bloss subjektive Formen unserer Erkenntnis sind, dass folglich die Welt bloss als Erscheinung und nirgends als in unserem Bewusstsein existiert, diese Lehre erschien ihm nun der Gipfel alles Tiefsinns, weil darauf nach Schopenhauer die Möglichkeit der Erlösung, der Verneinung des Willens zum Leben, beruhen sollte.

---

[1]) a. a. O. 138.

Unter diesem Gesichtspunkt erschien ihm nun auch die that-kräftige Mitarbeit am Entwickelungsprozess der Menschheit nicht mehr als sittlich. Wagner glaubte überhaupt nicht mehr an den steten Fortschritt, an das neue Weltalter, worin die Menschen zu einem paradiesischen Behagen an sich selbst gelangen sollten. Ihm schien im Gegenteil eine fortschreitende Entartung und Verschlechterung des Menschengeschlechts den That-sachen der Geschichte besser zu entsprechen. Hatte er doch schon im Sommer 1852 an seinen Freund Uhlig geschrieben: „Überhaupt werden meine Ansichten über das Menschengeschlecht immer düsterer; meist glaube ich doch empfinden zu müssen, dass diese Gattung vollständig zu Grunde gehen muss."[1]) Wenn er hiernach noch etwas ethisch Bedeutsames zulassen konnte, so konnte es eben nur in jener Verneinung des Willens liegen, wie die Weisen aller Zeiten und Heiligen sie in ihrer freiwilligen Askese ausgeübt haben. Wagner musste jetzt lächeln darüber, wie er von der Revolution das Heil der Zukunft, von blossen äusseren Bedingungen eine Neugestaltung der Dinge auch in sittlicher Beziehung hatte erwarten können. Nicht Revolution, sondern Regeneration, Umkehr des Willens, Wiedergeburt des ganzen Menschen von innen heraus kann die Erlösung, die Besserung auch der staatlichen und wirtschaftlichen Verhältnisse bringen. Darum erschienen ihm jetzt nicht mehr die „schönen und starken Menschen" als Ideal, sondern auf die demütigen und frommen Menschen, die „Bilder sanfter Menschlichkeit" be-gann er seine Hoffnung der Erlösung zu setzen. An die Stelle des heiter-optimistischen Griechentums trat bei ihm die düstere Welt des Ganges mit ihren buddhistischen Heiligen und Asketen, an die Stelle des Siegfried der Parsifal.[2]) Offenbar liegt hier der tiefste Kern des viel verhandelten Zerwürfnisses zwischen Wagner und Nietzsche. Solange der Prophet des „Übermenschen" den Meister nur als den Schöpfer des „Siegfried" kannte, zollte er ihm unbegrenzte Bewunderung. Als er dagegen sah, wie dieser sich mehr und mehr auf dem Passionspfade zur Gralsburg hin-bewegte, da trennten sich ihre Wege, sie verstanden sich nicht mehr, und eine wachsende Abneigung zerriss ihr Freundschafts-bündnis.

---

[1]) R. Wagners Briefe an Uhlig, Fischer, Heine 205.
[2]) Dinger: a. a. O. 360 f.

Einstweilen liess Wagner den Parsifal noch bei Seite. Er schwor nur seine frühere Weltanschauung ab und beeilte sich, seine Ansichten im Sinne Schopenhauers umzuwandeln. Schon bereute er herzlich, seine kunsttheoretischen Schriften überhaupt verfasst und darin einen seiner jetzigen Anschauung so entgegengesetzten Standpunkt vertreten zu haben. Wie alle Renegaten, wandte er sich jetzt mit verdoppeltem Eifer gegen den Hegelianismus, woraus er doch selbst hervorgegangen war, und sprach von Hegel in Ausdrücken, die zwar nicht eine nähere Bekanntschaft mit dessen Schriften, wohl aber ein gründliches Sicheinleben in die schopenhauersche Denkweise über diesen Philosophen verraten. Dass Wagner sich jetzt auch wieder mehr der Religion zuwandte und ihre ethische Notwendigkeit zu begreifen suchte, bedarf kaum einer ausdrücklichen Versicherung, wenngleich er den Orthodoxen auch niemals den Gefallen gethan hat, sich zu einem offenbarungsgläubigen Christentum zu bekennen. Nur ein Pfeiler blieb von dem Gebäude seiner früheren Weltanschauung stehen: die Hervorhebung der Liebe und die eigentümliche Bedeutung, die er der letzteren zuschrieb. Allein auch sie musste sich jetzt die pessimistische Umdeutung ins Mitleid Schopenhauers gefallen lassen und wurde von Wagner in Übereinstimmung mit jenem als Bewusstsein von der Willensidentität alles Seienden gedeutet. Darum heisst es jetzt nicht mehr, dass wir durch die Liebe zur Einsicht kommen und damit den natürlichen Zustand der Unschuld und Freiheit vom Egoismus erlangen sollen, sondern „durch Mitleid wissend — der reine Thor".

Eine solche Veränderung und Klärung seiner bisherigen Begriffe im Lichte einer neuen Weltanschauung konnte selbstverständlich auch auf sein künstlerisches Schaffen nicht ohne Einfluss bleiben. Wagner dachte daran, ein Stück „Die Sieger" zu schreiben, worin er im Anschluss an eine buddhistische Legende die „höchste Erlösung" als den Eingang ins Nirwana schildern wollte. Aber mächtiger als dieser Stoff drängte sich ihm die Idee zu „Tristan und Isolde" auf: „die Liebe als furchtbare Qual" und selig-süsses Hindämmern aus der Welt des Leidens und der Täuschung, dem „Schein des Tages", in die „Nacht der Liebe".[1])

---

[1]) Brief an Röckel, 72.

Obwohl Wagner die Dichtung von „Tristan und Isolde" erst im Sommer 1857 geschrieben hat, so ist dies doch sichtlich unter dem Eindrucke der Lektüre Schopenhauers geschehen und spiegelt sie gewisse Grundgedanken des letzteren unverkennbar wieder. Wissen wir doch auch aus Wagners Briefen an Liszt, dass er den Gedanken zum „Tristan" schon gefasst hat, unmittelbar nachdem er „Die Welt als Wille und Vorstellung" kennen gelernt hatte. So schrieb er bereits im Dezember 1854 an den Freund: „Da ich nun aber doch im Leben nie das eigentliche Glück der Liebe genossen habe, so will ich diesem schönsten aller Träume noch ein Denkmal setzen, in dem vom Anfang bis zum Ende diese Liebe sich einmal so recht sättigen soll: ich habe im Kopfe einen Tristan und Isolde entworfen, die einfachste, aber vollblutigste musikalische Konzeption; mit der schwarzen Flagge, die am Ende weht, will ich mich dann zudecken, um — zu sterben." Wagner selbst war also zu jener Zeit von der äussersten Hoffnungslosigkeit ergriffen. Alle seine grossen Ideen, womit er die Welt hatte beglücken wollen, lagen zertrümmert vor ihm. „Für mich hat das letzte Lied von der Welt ausgeklungen", schrieb er an Liszt. „Ich will keine Hoffnung, denn sie ist Selbstbelügung. Wenn ich auf die Stürme meines Herzens, den furchtbaren Kampf, mit dem es sich wider Willen an die Lebenshoffnung klammert, zurückdenke, ja, wenn sie jetzt noch oft zum Orkan anschwellen, so habe ich dagegen doch nun ein Quietiv gefunden, das mir endlich in wachen Nächten einzig zu Schlaf verhilft: es ist die herzliche und innige Sehnsucht nach dem Tode: volle Bewusstlosigkeit, gänzliches Nichtsein, Verschwinden aller Träume — einzigste, endliche Erlösung".[1])

Aus dieser Stimmung heraus ist das Drama „Tristan und Isolde" entstanden. Es ist diejenige Dichtung Wagners, worin seine Hinneigung zur schopenhauerschen Weltanschauung ihren unmittelbarsten Ausdruck erhalten hat.. Wilde Leidenschaften, ungezügelte Triebe, Gefühle elementarster Art führen in ihr das Wort, wie in keiner anderen Dichtung Wagners. Es ist eine Welt, worin der „blinde" Wille herrscht, worin alle Einwände der Vernunft, alle Gedanken an Pflicht, an Sitte und Gesetzlichkeit vom

---

[1]) Briefwechsel zwischen Wagner und Liszt II. 42 ff.

Aufruhr des Innern übertäubt und vom Sturm der Affekte ausgelöscht werden, so wie Isolde selbst die Fackel auslöscht, die,
als Warnungszeichen, die Zusammenkunft der beiden Liebenden verhindern sollte. In keinem seiner Werke spricht auch
die Musik so unmittelbar die Sprache des Willens, des ruhelosen, aufbäumenden und vor Lust zerschmelzenden, in Erwar-
tung namenloser Wonne sich verzehrenden, schmachtenden und
verschmachtenden Willens. Dabei erscheinen Tristan und Isolde
selbst geradezu als Objektivationen jener Urpotenz, die in ihnen
gleichsam nach zwei verschiedenen Richtungen auseinandergegangen und nun nach Wiedervereinigung, nach der Rückkehr
ihrer endlichen Erscheinungen in die Einheit des ursprünglichen
absoluten Wesens trachtet. Diese Sehnsucht nach Vereinigung
ist eben die Liebe. Darum ist das Begehren, das in Tristan und
Isolde lebt, auch nicht so sehr auf die sinnliche, körperliche Umarmung, als vielmehr auf das Verschmelzen ihrer Individualitäten,
auf das Untertauchen und Versinken in die Wesenswelt gerichtet, worin ihre beiderseitigen Erscheinungen wurzeln, und dieser
Akt spiegelt sich in ihrem Bewusstsein als die höchste Seligkeit
wieder:

„In des Wonnemeers	in des Weltatems
wogendem Schwall,	wehendem All
in der Duftwellen	ertrinken — versinken —
tönendem Schall,	unbewusst — höchste Lust!"

Es ist unverständlich, wie Chamberlain angesichts dieses
klaren Ideenzusammenhanges die schopenhauerschen Beziehungen
in „Tristan und Isolde" leugnen kann. Chamberlain geht in
seinem Bestreben, Wagner als einen möglichst selbständigen,
von aller Philosophie unbeeinflussten Geist hinzustellen, sogar so
weit, in jenem Drama geradezu „die höchste Verherrlichung, die
Apotheose der Bejahung des Willens zum Leben" zu erblicken.[1]
Als ob nicht umgekehrt die heisse Sehnsucht nach der Aufhebung der Individualität, nach dem Nirwana, das Grundmotiv in
„Tristan und Isolde" bildete. Das Nirwana ist es, was Tristan im
Sinne hat, wenn er es beschreibt als:

„das dunkel nächt'ge Land,	ihr Liebesberge war,
daraus die Mutter einst mich sandt',	das Wunderreich der Nacht,
als, den im Tode sie empfangen,	aus dem ich einst erwacht', —
im Tod sie liess zum Licht gelangen.	das bietet dir Tristan,
Was, da sie mich gebar,	dahin geht er voran."

---

[1] Chamberlain: a. a. O. 145.

Es ist ein Ort vor und jenseits des empirischen Daseins, wo das Bewusstsein, diese blosse Form unseres endlichen Wissens,[1]) erlischt und nur die ewigen Ideen in voller, ungetrübter Klarheit leuchten. Daher ist Tristan unfähig, was er dort erschaut, in der Sprache des Bewusstseins auszudrücken:

„Wo ich erwacht, weilt’ ich nicht;   wo ich von je gewesen,
doch wo ich weilte,   wohin auf je ich gehe:
das kann ich dir nicht sagen.   im weiten Reich
Die Sonne sah ich nicht,   der Welten Nacht.
nicht sah ich Land noch Leute: Nur ein Wissen
doch was ich sah,   dort uns eigen:
das kann ich dir nicht sagen.   göttlich ew’ges Urvergessen.“
Ich war —   .

Denselben Ort aber meinte auch Isolde, als sie dem verhassten Freunde den Todestrank darbot:

„Dem Licht des Tages wollt’ ich entflieh’n,
dorthin in die Nacht dich mit mir zieh’n,
wo der Täuschung Ende mein Herz mir verhiess,
wo des Trugs geahnter Wahn zerrinne:
dort dir zu trinken ew’ge Minne,
mit mir dich im Verein
wollt’ ich dem Tode weih’n.“

Jene „Nacht“ also, von welcher beide sprechen, ist nichts Anderes als der Tod, das gänzliche Erlöschen aller Willensfunktionen. Aber nur auf dem Standpunkte der Individualität, für denjenigen, der noch mit seinen Hoffnungen und Wünschen in der Erscheinungswelt, im Sansara, wurzelt, erscheint das Nirwana als Nacht und Tod. Wer dagegen die illusorische Beschaffenheit jener Welt durchschaut, wer sich von dem Wahne frei gemacht hat, als ob die Individualität etwas Wesenhaftes und Substantielles wäre, dem erscheint es vielmehr als das höchste Leben. Dies aber ist nun eben der Fall mit Tristan und Isolde. Darum zürnen sie dem „Tage“; denn unter diesem Begriffe stellt sich ihnen die „Welt als Erscheinung“ dar, welche schuld daran ist, dass sie sich als zwei verschiedene Existenzen gegenüberstehen und nicht zu einander gelangen, nicht mit einander unmittelbar verschmelzen können, und erblicken sie in ihm einen neidischen Feind ihrer Liebe:

[1]) Vgl. mein Werk: Das Ich als Grundproblem der Metaphysik, eine Einführung in die spekulative Philosophie (1897).

„Sein scheuchend Zeichen
zündet er an
und steckt's an der Liebsten Thüre,
dass nicht ich zu ihr führe!

Wie du das Licht,
o könnt' ich die Leuchte,
der Liebe Leiden zu rächen,
dem frechen Tage verlöschen!"

Denn in der That ist es das Auseinandergehen des alleinen Wesens in die Vielheit und Verschiedenheit der Erscheinungswelt, woraus alles Leid des Daseins entspringt. Darum fluchen Tristan und Isolde der Tagessonne, weil sie sich ewig an den Leiden der Liebenden weidet und heisst es vom Tage:

„Giebt's eine Not,
giebt's eine Pein,
die er nicht weckte mit seinem Schein?"

Solange sie noch in der Vielheit lebten, haben auch sie sich von dem Schein des Tages blenden lassen und ein illusorisches Glück in der Befriedigung ihrer egoistischen Triebe erstrebt. Nun ihnen aber die Liebe, die selbst eine Tochter des „Mitleids" ist, das beide für einander fühlten, die Augen geöffnet, nun sie ihnen die Einheit ihres Wesens offenbart hat, erkennen sie auch die trügerische Beschaffenheit der individuellen Begehrungen und treibt es sie mit unwiderstehlicher Gewalt, dem Tage zu entfliehen und in das „Wonnereich der Nacht" hinabzutauchen:

„Der tückische Tag,
der Neidbereite,
trennen konnt' uns sein Trug,
doch nicht mehr täuschen sein Lug!
Seine eitle Pracht,
seinen prahlenden Schein
verlacht, wem die Nacht den Blick geweiht.
Seines flackernden Lichtes
flüchtige Blitze
blenden uns nicht mehr.
Wer des Todes Nacht liebend erschaut,
wem sie ihr tief Geheimnis vertraut,

des Tages Lügen,
Ruhm und Ehr',
Macht und Gewinn,
so schimmernd hehr,
wie eitler Staub der Sonnen,
sind sie vor dem zersponnen!
In des Tages eitlem Wähnen
bleibt ihm ein einzig Sehnen,
das Sehnen hin zur heil'gen Nacht,
wo urewig, einzig wahr
Liebes Wonne ihm lacht."

Darum flehen beide in innigster Liebesumarmung:

„O sink' hernieder, Nacht der Liebe,
gieb Vergessen, dass ich lebe,
nimm mich auf in deinen Schoss,
löse von der Welt mich los!"

So offenbart sich in „Tristan und Isolde" die Allgewalt jener Liebe, der Wagner bereits als Anhänger Feuerbachs die

Rolle zuerteilt hatte, dass sie den Menschen über die Individualität hinaus zur Allgemeinheit emporheben und ihn durch sein Wissen um die Allgemeinheit willfährig zur Überwindung des Egoismus machen sollte. Aber was er damals in bloss empirischem Sinne verstanden hatte, das erscheint nun hier ins Metaphysische umgedeutet: die Allgemeinheit ist nicht mehr die Gesamtheit aller übrigen Existenzen ausser der meinigen, sondern sie ist zum alleinen metaphysischen Grunde der Welt geworden, dessen Erscheinungen die vielen Einzelexistenzen bilden; die Liebe aber zieht gleichsam den Schleier der Maja vor den Augen der Individuen fort und veranlasst sie dadurch, ihren individuellen Willen zu verneinen und in jenen einheitlichen Grund ihres Daseins, der zugleich ihre ursprüngliche Heimat ist, zurückzukehren. Darin, dass sie die Vielheit der Erscheinungswelt, des „Wähnens Graus", den Schein des Tages auslöscht, besteht also nunmehr die „welterlösende" Bedeutung der Liebe. Jene Rückkehr aber wird von Wagner als möglich hingestellt, weil die Vielheit der Einzelexistenzen, wie Schopenhauer lehrt, eben nur eine scheinbare ist und ihr eine Wirklichkeit nur als Vorstellung in unserem Bewusstsein zukommt. Darum ist der Liebesakt in „Tristan und Isolde" als ein mystisches Zusammenfliessen ihrer beiderseitigen Seelen aufzufassen, in welchem ihre Individualität erlischt und die Liebe mit ihrer höchsten Erfüllung zugleich auch ihre grösste Seligkeit findet:

„So starben wir, um ungetrennt,
ewig-einig, ohne End',
ohn' Erwachen, ohne Bangen,
namenlos in Lieb' umfangen,
ganz uns selbst gegeben,
der Liebe nur zu leben.
— — — — — — —
Wie es fassen? Wie sie lassen,
diese Wonne, fern der Sonne,
fern der Tage Trennungsklage?
Ohne Wähnen sanftes Sehnen,
ohne Bangen süss' Verlangen;
ohne Wehen her Vergehen,

ohne Schmachten hold Umnachten;
ohne Scheiden, ohne Meiden
traut allein, ewig heim,
in ungemessenen Räumen
übersel'ges Träumen.
Du Isolde, Tristan ich,
nicht mehr Tristan, nicht Isolde,
ohne Nennen, ohne Trennen,
neu Erkennen, neu Entbrennen;
endlos ewig einbewusst:
heiss erglühter Brust
höchste Liebeslust!"

Diese Betonung der Lust, die beide in der Erfüllung ihrer Liebessehnsucht geniessen, widerspricht keineswegs, wie Chamberlain anzunehmen scheint, der hier geltend gemachten Auffassung von „Tristan und Isolde". Allerdings ist es an sich ein Widerspruch, dass die Individuen im Nirwana untergehen und trotzdem diese Aufhebung ihrer Individualität als individuelle Lust geniessen sollen. Aber das ist nur der alte Selbstwiderspruch, wie er sich in der Mystik aller Zeiten und Völker findet, dem Wagner in seinem Drama einen poetischen Ausdruck verliehen hat, und hebt die Ansicht nicht auf, dass die „Nacht der Liebe", worin die Vielheit und Besonderheit verschwindet, nur als die alleine Wesenswelt im Gegensatze zur vielheitlichen Tageswelt der Erscheinung zu verstehen ist. —

Aus dem Gesichtspunkte Schopenhauers erschienen Wagner nun auch seine früheren Werke und insbesondere der „Ring des Nibelungen" in einem neuen Lichte. Noch hatte er die Komposition der „Walküre" nicht vollendet und schon sah er sich auf eine ganz entgegengesetzte Bahn fortgerissen. Wie grundverschieden von seiner jetzigen Weltanschauung war doch der Boden, worauf der „Ring des Nibelungen" erwachsen war! Er sollte, wie Dinger sagt, „der moderne Tyrtäusgesang der grossen Revolution sein, für die sieghaften Helden dieser Revolution gedichtet — Siegfried, der neue, aber siegende Prometheus — und nun, mit einem Male stand er diesem Stoffe innerlich fremd gegenüber!"[1] „Dem schönsten meiner Lebensträume", schrieb Wagner damals an Liszt, „dem jungen Siegfried zu Lieb' muss ich wohl schon noch die Nibelungsstücke fertig machen".

Das ist nicht mehr die Sprache des begeisterungsvollen Reformators und Propheten, sondern eines Mannes, der selbst nicht mehr an die Gestalten seines Werkes glaubt. Dieser Umstand musste natürlicher Weise seine Niedergeschlagenheit nur noch verstärken. Da auf einmal kam es über ihn, wie eine Offenbarung. Er hatte seinen „Ring des Nibelungen" als das Weltgedicht der Erlösung aus den Banden des Egoismus abgefasst. Aber war nicht, wie gesagt, der Egoismus nur der notwendige Ausdruck des Willens, jenes Willens, den Schopenhauer als das Wesen der Welt erkannt hatte? War aber dies der Fall, dann hatte ja Wagner in den verschiedenen Formen des Egoismus nur ebenso viele Formen des Willens dargestellt, dann hatte er in der Befreiung der Welt vom Egoismus, „anstatt einer

[1] Dinger: a. a. O. 322.

Phase der Weltentwickelung das Wesen der Welt selbst in allen seinen nur erdenklichen Phasen erschaut", und es war mithin etwas ganz Anderes zu Tage gekommen, als was er sich selbst ursprünglich bei seinem Stoffe gedacht hatte.[1])

Ursprünglich hatte er die Realisierung des neuen Weltalters schildern wollen. „Ich entsinne mich," schreibt er in einem seiner Briefe an Röckel, die für dieses Verhältnis Wagners zu seiner Nibelungendichtung so bedeutsam sind, „ich entsinne mich in diesem absichtlich gestaltenden Sinne die Individualität meines Siegfried herausgegriffen zu haben mit dem Willen, ein schmerzloses Dasein hinzustellen. Mehr aber noch glaubte ich mich deutlich auszudrücken in der Darstellung des ganzen Nibelungenmythus, mit der Aufdeckung des ersten Unrechtes, aus dem eine ganze Welt des Unrechtes entsteht, die deshalb zu Grunde geht, um uns eine Lehre zu geben, wie wir das Unrecht erkennen, seine Wurzel ausrotten und eine rechtliche Welt an ihrer Stelle gründen sollen."[2]) Nun machte er an sich selbst die Erfahrung, dass der schliessliche ideale Gehalt eines genialen Kunstwerks viel tiefer und konkreter ist als die bewusste Absicht seines Schöpfers. „Das, was unser Eigenstes ist, sind nicht die Begriffe, sondern die Anschauungen (Ideen); diese sind aber so sehr unser eigen, dass wir sie eigentlich nie vollständig veräussern, nie ganz entsprechend mitteilen können, da selbst der vollkommenste Versuch dazu, die That des Künstlers, das Kunstwerk vom Anderen am Ende doch wiederum nur so angeschaut wird, wie er eben seiner eigensten Natur nach anschaut. Wie wenig," ruft Wagner daher aus, „kann der Künstler erwarten, seine eigene Anschauung (Idee) in der des Andern vollkommen reproduziert zu wissen, da er selbst vor seinem Kunstwerke, wenn es wirklich ein solches ist, wie vor einem Rätsel steht, über das er in dieselben Täuschungen verfallen kann, wie Andere. Selten ist wohl ein Mensch in seinen Anschauungen und Begriffen so wunderlich auseinandergegangen und sich selbst entfremdet gewesen, als ich, der ich gestehen muss, meine eigenen Kunstwerke erst jetzt mit Hülfe eines Anderen, der mir die meinen Anschauungen kongenierenden Begriffe lieferte, wirklich verstanden, d. h. auch mit dem Begriffe erfasst und meiner Vernunft verdeutlicht zu haben."[3])

---

[1]) Wagners Briefe an Röckel: 67.   [2]) a. a. O. 67.   [3]) Ebd. 65 f.

Wagner betrachtete jetzt auch seine früheren Werke durch die Brille Schopenhauers und fand, dass es bloss „die hohe Tragik der Entsagung, der wohlmotivierten, endlich notwendig eintretenden, einzig erlösenden Verneinung des Willens" sei, die seinen Dichtungen und seiner Musik die Weihe gegeben habe, ohne die alles wirklich Ergreifende, was ihnen anhaftet, ihnen nicht zu eigen hätte werden können.[1]) Das Auffallendste in dieser Hinsicht aber gestand er selbst, an seiner Nibelungendichtung erfahren zu haben. Vom Standpunkte seiner jetzigen Weltanschauung aus erschienen ihm nun auch ihre bisher dunklen Stellen verständlich, sodass er nicht mehr nötig hatte, sich ihretwegen, wie früher, auf das Gefühl und das „Unaussprechliche" der Ahnung zu berufen.[2]) Vor allem aber glaubte er durch Schopenhauer den Gesichtspunkt gefunden zu haben, unter welchem betrachtet auch die „Götterdämmerung" sich zwanglos in den Zusammenhang des Ganzen einfügte. —

Die Frage drängt sich auf, wie eine solche Umdeutung des „Ringes" im schopenhauerschen Sinne möglich ist. Was hat der germanische Mythus mit den Abstraktionen einer Philosophie gemein, deren ganzer Charakter dem seinigen beim ersten Anblick so entgegegengesetzt ist? Die trotzige Mannhaftigkeit und kriegerische Tüchtigkeit der nordischen Götter und Heroen scheint keine Berührungspunkte mit der schwächlichen Duldsamkeit und weibischen Passivität der Heiligen des Buddhismus zu haben, wie sie Schopenhauer als Ideal vorschwebt. Und doch muss es solche Berührungspunkte geben, wenn der Prozess, wie er sich damals in Wagners Bewusstsein vollzog, verständlich sein soll.

Daran ist ja freilich nicht zu zweifeln, dass Religion und Philosophie, wofern sie beide Wahrheit enthalten, sich in ihrem innersten Grunde nicht widersprechen können. Sobald die Philosophie den Boden der unmittelbaren Erscheinungswelt verlässt und das Wesen derselben zum Gegenstande ihrer Untersuchung macht, sobald sie mithin das Gebiet der Metaphysik betritt, so trifft sie mit den fundamentalen Voraussetzungen der Religion zusammen, und hier gilt der Satz vom Widerspruch, dass nämlich eine von beiden notwendig im Unrecht sein muss, wenn sich dies Zusammentreffen zum feindlichen Konflikt

[1]) Wagners Briefe an Röckel 65.   [2]) Ebd. 40. 42.

gestaltet. Ist folglich der Mythus nur der bildliche Ausdruck für die religiösen Vorstellungen eines Volkes, so muss er sich mit der philosophischen Weltanschauung decken, und zwar um so mehr, je tiefer beide in den Grund der Dinge eingedrungen und je deutlicher sich in ihnen das metaphysische Wesen der Erscheinungswelt spiegelt. Ein gewisse Verwandtschaft werden wir hiernach auch zwischen der germanischen Mythologie und Schopenhauer von vornherein erwarten dürfen. Nun ist aber gerade in diesem Falle die Verwandtschaft trotz aller äusserlichen Verschiedenheit eine so merkwürdige und innerlich begründete, dass wir hierauf zunächst unsere Aufmerksamkeit richten müssen.

Beim ersten oberflächlichen Anblick scheint, wie gesagt, der germanische Götterhimmel mit der Gedankenwelt Schopenhauers so wenig Ähnlichkeit zu haben, wie eine vom Nordlicht beleuchtete skandinavische Winterlandschaft mit den sonnendurchfluteten Thälern Indiens. Und doch ergeben sich die Übereinstimmungen zwischen ihnen aus dem ihnen gemeinsamen pessimistischen Grundzuge ihrer Weltanschauungen, der in beiden Fällen in einer tiefen Empfänglichkeit des Gemütes wurzelt. Allerdings trägt dieser Pessimismus bei ihnen nicht die gleichen Früchte. Bei Schopenhauer führt er bekanntlich zur gänzlichen Seinsverachtung. Der Philosoph legt thatenlos die Hände in den Schoss, weil es ja doch keinen Zweck hat, sich im Interesse dieser von Grund aus schlechten Welt zu bemühen. Und zwar wird er hierzu wesentlich durch seine erkenntnistheoretische Grundansicht des transcendentalen Idealismus veranlasst, die Schopenhauer von Kant übernommen hat. Denn wenn, wie der letztere behauptet, die Welt blosse subjektive Erscheinung ist, wenn sie nirgends als in unserem Bewusstsein existiert, dann ist es ja in der That sinnlos, sich um sie kümmern, weil alle thätige Mitarbeit am Kulturprozess alsdann ja nicht mehr Bedeutung hat, als irgend eine Handlung, die wir im Traum vollführen. Ganz anders dagegen, wenn ihr ein reales, von der Vorstellung unterschiedenes Dasein zuerkannt wird, wie dieses in naiver Weise von Seiten des Germanen geschieht, dessen Denken von erkenntnistheoretischen Reflexionen noch unberührt ist. Dann braucht weder jene weltverneinende Konsequenz aus dem Pessimismus gezogen zu werden, noch kann dies geschehen, wenn die Welt als ein Gegenstand der Liebe und der

Anhänglichkeit, wie sie es dem Germanen im Grunde ist, aufgefasst wird. Während daher die schopenhauersche Philosophie und der Buddhismus es nur zur Trauer über das unnütze Elend des Daseins kommen lassen, bäumt sich der Germane in trotzigem Kampfesmute gegen die Ursachen jenes Elends, wie gegen feindliche Gewalten, auf und erhebt er sich im Untergang durch ihre Übermacht zur Tragik. In beiden Fällen führt der Pessimismus zu einer Vertiefung der gesamten Weltanschauung, welche diese unserem Gefühle näher bringt und bewirkt, dass die schopenhauersche Philosophie sowohl, wie die germanische Religion einen spezifisch ethischen Charakter haben. Im Germanentume aber gilt als sittlich nur, was der irdischen Existenz und dadurch mittelbar auch der Götterwelt zu Gute kommt; bei Schopenhauer dagegen beruht die Sittlichkeit in der freiwilligen Verneinung des Willens zum Leben.

Überall sind die religiösen Vorstellungen eines Volkes ihrem Wesen nach und ursprünglich nur der geistige Niederschlag der Naturanschauung desselben und oft bis in die kleinsten Züge durch den Charakter der landschaftlichen Umgebung, des Klimas, der Bodenbeschaffenheit des betreffenden Landes bestimmt. Ein Volk, wie die Griechen, musste notwendig einen so heiteren, von naiver Lebensfreude erfüllten Götterhimmel von spezifisch ästhetischer Beschaffenheit ausbilden, weil der natürliche Himmel sich über Hellas in durchsichtiger, milder Klarheit wölbt, der Charakter ihres Landes zur ästhetischen Betrachtung auffordert und die Natur an den meerumspülten Gestaden, auf den grünen Triften des Innern den Menschen freundlich ihre Gaben austeilt. Wo dagegen eine ungünstige Lage und Beschaffenheit des Landes zu sorgfältiger Beobachtung meteorologischer und klimatischer Einflüsse zwingt, wo die Furcht vor den Einfällen räuberischer Nachbarvölker die Menschen in beständiger Spannung hält, da entsteht eine Religion, worin, wie im Persertum, der Kampf der guten mit den bösen Göttern den Mittelpunkt bildet und alles sich um den Sieg oder die Niederlage der jeweilig mit einander streitenden Mächte dreht. In einer solchen Lage zittern die Menschen vor den Dämonen der Finsternis, den bösen Geistern, und verehren sie den Gott des Lichtes, die Sonne, den leuchtenden Tageshimmel, den Ahuramazda (Ormuzd), der die Welt gegen den mächtigsten der Nachtdämonen, den Angramainius (Ariman) verteidigt. Dieser letztere aber ist zugleich mit dem Drachen der Gluthitze identisch, der die mühsam bebauten Felder versengt, er ist der Böse selbst, der ein Vergnügen daran findet, die Menschen mit Erdbeben, Überschwemmungen, Krankheiten u. s. w. heimzusuchen. Und wieder anders gestaltet sich die Religion am Nil, wieder anders an den Ufern des Ganges, im Jordanthal und auf der Ebene von Latium. Das Identische aber ist überall der bestimmende Einfluss, welchen die Natur auf die Ausgestaltung der religiösen Vorstellungen ausübt. Betrachtet man nun unter diesem Gesichtspunkte die germanische Religion, so ist auch sie das getreue Spiegelbild der Natur ihrer nordischen Heimat, worin physikalische, meteorologische und klimatische Faktoren sich in geistige Potenzen verwandelt haben.

Wie in allen Naturreligionen, stehen auch hier die Sonne und das Gewitter im Vordergrunde, denn diese drängen sich der Anschauung am meisten auf und besitzen die grösste Wichtigkeit für die Beschaffung der natürlichen Bedürfnisse. In die Rolle, das Gewitter darzustellen, teilt sich Wotan mit Donner (Thor). Der Unterschied zwischen ihnen besteht nur darin, dass dieser mehr die brutale Kraft des Gewitters, den rollenden Donner und zerschmetternden Blitz repräsentiert, während jener mehr auf seine reinigende und befruchtende Wirkung hinweist. Wotan ist der Sturm, der dem Gewitter vorangeht. Mit seinem Speere jagt er am Himmel die Wetterwolken vor sich her, seine Schlachtjungfrauen, die Walküren, mit denen er zum Kampf gegen die ihn bedrohenden Feinde auszieht. Als Wind- oder Luftgott ist Wotan der Vielbewegliche, der Gott des Wechsels und der Bewegung, der „Wanderer“, der die Welt durchstreift, um Kunde von Göttern und Menschen zu gewinnen. Denn die Kraft der Reinigung, die ihm im Gewitter zugeschrieben wird, bewirkt zugleich seine Verschmelzung mit dem Elemente der Reinheit und Klarheit, dem Licht; dies aber gilt in allen Naturreligionen als das Symbol des Wissens. So ist Wotan, der Gott des Gewitters, zugleich der Gott des allgemeinen Lichtes, der Helligkeit und als solcher der wissende und weise Gott. Allein der Umweg, worauf er zu dieser Bedeutung gelangt ist, spiegelt sich darin wieder, dass das Wissen kein ursprüngliches Moment seines Wesens, sondern erst später von ihm erworben ist. Wotan hat sein eines Auge daran gegeben, um sein und der Götter Schicksal aus dem Bronnen der Weltesche zu erkunden. Das deutet auf die Sonne, die nachts im Meer versinkt, während das andere Auge Wotans tagsüber den Göttern und den Menschen leuchtet. In diesem Punkte trifft die Bedeutung Wotans, als Gott des Lichtes, mit seiner Bedeutung als Windgott zusammen. Wie der Wind, so wandert auch die Sonne über die Erde hin und gewahrt, was sich auf den Höhen und in den Tiefen ereignet. Darum sind es Erdgöttinnen, von denen sich Wotan auch nach dem Verluste seines einen Auges fernere Kunde holt, sei es, dass er ihnen in einmaliger stürmischer Liebesumarmung ihr Wissen ablockt, wie der Erda, sei es, dass er sie zu seiner ständigen Gemahlin erhebt, wie Fricka. Jedenfalls ist das ursprüngliche Wissen in weiblichen Gottheiten verkörpert, die in engster Beziehung zur Erde stehen, und diese werden durch den Liebeswillen des obersten Gottes zur Offenbarung ihres Wissens veranlasst: ein tiefsinniger Ausdruck für die Wechselwirkung der Erde auf der einen und der Sonne oder dem Gewitter auf der anderen Seite.

Aber die Sonne hat ihre mythologische Verbildlichung nicht bloss in Wotans einem Auge gefunden. Wie alle Naturreligionen, kennt auch das Germanentum eine Mehrheit von Sonnengöttern, zwei gute, welche die heilbringende Seite der Sonnenwärme repräsentieren, nämlich Froh (Freyr) und Balder, und einen bösen Sonnengott, worin sich ihre unheilvolle Seite darstellt, nämlich Loge.

Loge ist der Gott des Feuers überhaupt; dies aber ist eine Modifikation des Lichtes. Dadurch tritt Loge in nähere Beziehung zu Wotan, als Lichtgott, und die Bestimmung des Wissens, die sich mit dem Licht verknüpft, geht auf ihn über. Aber das Feuer ist kein ruhiges und mildes Licht, sondern ein unruhiges, flackerndes und flimmerndes Element. Dieser physikalischen Bestimmung entspricht auf geistigem Gebiete die List oder die Schlauheit, das Wissen, das nicht ruhig bei den Dingen verweilt, um sie um ihrer selbst willen zu betrachten, sondern nur auf eigenen Vorteil bedacht ist und beständig von Gegenstand zu Gegenstand hinüberspringt. So wird Loge, der Gott der List, zugleich zum Gott der Hinterlist, der Lüge und des Schabernacks, der mit seiner Schlauheit die Götter ebenso aus ihrer Bedrängnis hilft, wie er ihnen heimlichen Schaden zufügt.

In dieser Beziehung nun ist jener das gerade Widerspiel und daher der Todfeind des lichten Balder, der Frühlingssonne, die in ihrer ungetrübten Klarheit noch nichts von den Stürmen des Winters ahnen lässt. Balder ist das Ideal der germanischen Sittlichkeit, er ist der Repräsentant der gänzlichen Sündlosigkeit und reinen Unschuld, wie sie niemals auf Erden voll verwirklicht werden kann. Darum ist ihm, wie dem Osiris in der ägyptischen und dem Christus in der christlichen Mythologie, nur ein kurzes Leben beschieden. Jung muss der Gott durch den Pfeil seines eigenen blinden Bruders, des finsteren Höder, des Winters, dahinsinken, während Loge, der böse Hitzegott, die Sommerwärme, der eigentliche Urheber seines Todes ist. Aber wie sich das sittliche Ideal gegenüber allen Störungen und Hindernissen behauptet, so bleibt auch im Bewusstsein des Germanen die Erinnerung an den lichten Sonnengott lebendig. Einen jungen Helden irgendwo in der Rheingegend, der durch seine Thaten die Augen auf sich lenkt, um dann ebenfalls der Hinterlist tückischer Feinde zu erliegen, leiht das Volk die Züge Balders, und so verschmilzt in seinem Bewusstsein der Mythus des Sonnengottes mit der Erinnerung an Siegfried, während die Persönlichkeiten Höders und Loges in die Gestalt des „finstern Hagen" zusammengehen. Diese Verschmelzung mythischer und heroisch menschlicher Elemente ist übrigens nichts dem Germanentum besonders Eigentümliches. Sie findet sich in der hellenischen Religion ganz in derselben Weise bei den Halbgöttern Theseus und Herakles, sie kehrt in der jüdischen Religion in den sagenhaften Gestalten Abrahams und Moses' wieder und ist der Boden, worauf auch im Christentum die Idee der Gottmenschheit erwachsen ist. Für uns aber ist sie, wie sich zeigen wird, eines der wichtigsten Momente, um die Idee des wagnerschen Nibelungenringes zu verstehen.

Denkt man sich nun alle diese verschiedenen Götter in stetem Kampfe mit den Nebelgeistern, den Nibelungen, auf der einen, den Frost- und Winterriesen auf der andern Seite, so hat man ein ungefähres Bild von der Art und Weise, wie sich die besondere Natur ihres Landes in den Mythen der Germanen wiederspiegelt. Als sich die Stämme unserer Vorfahren aus der gemeinschaftlichen arischen Völkerfamilie in Asien loslösten und gen Norden vorrückten, kannten sie im Anfang den

Nebel und den Frost noch nicht. Ihre religiösen Vorstellungen drehten sich noch, wie in der Urheimat, um den Wechsel von Tag und Nacht, um den Kampf des Gewitters mit der Sonnenhitze, um die Beziehungen zwischen der Sonne und dem Regen. Je weiter sie sich nun aber von dieser Heimat entfernten, in je kältere Gegenden sie gelangten, je rauher und unwirtlicher sich ihnen die Natur im Norden zeigte, desto mehr verblasste in ihrer Erinnerung die Anschauungswelt, woraus ihre Mythen ursprünglich entstanden waren. Neue Vorstellungen, die den veränderten klimatischen Verhältnissen entsprachen, traten an ihre Stelle und gestalteten die früheren Mythen um, indem die Kälte und der Winter in ihnen die Hauptrolle übernahmen. Einst hatte der Drache der Gluthitze den Himmelsschatz, d. h. den Regen, entwendet. Jetzt sind es die Winterriesen, die Freia, der blühenden Erde, nachstellen und die Geraubte in ihren Burgen von Eis und Schnee gefangen halten. Einst hatte der Sonnengott den finstern Wolkenriesen bekämpft. Jetzt trachten die Nebelgeister, die als Zwerge in den Tiefen der Erde hausen, danach, den lichten Himmelsgöttern die Herrschaft streitig zu machen. Den Drachen der Gluthitze hatte der Gewittergott erschlagen und den Regen dadurch der Welt zurückgewonnen. Die Erde, die unter dem Bilde einer schönen Jungfrau den Zauberschlaf des Winters schläft, wird von Balder-Siegfried mit seinem Kusse geweckt, wenn die Frühlingssonne den Schnee auf den Bergen schmilzt und Donner seinen Hammer wieder in die Burg der Riesen schleudert. Aber diese Zeit des Schlafes und der Gefangenschaft der Erde ward länger, je weiter die germanischen Stämme nach Norden gelangten. Der Winter breitete seine Herrschaft immer weiter aus und drängte die Götter auf ein immer engeres Gebiet zusammen. Was Wunder, dass aus dieser Wahrnehmung der Gedanke einer zunehmenden Verschlechterung der Welt entsprang, dass der Glaube entstand, die Herrschaft der Götter werde dereinst überhaupt ein Ende nehmen und eine gänzliche Dämmerung, wie sie sich jetzt schon vielfach im hohen Norden zeigte, werde über das Reich der lichten Wotanssöhne hineinbrechen!

Woher dies vorausbestimmte Schicksal der Götter? Wie kommt es, dass auch die lachendste Blumenpracht abstirbt, dass die Freude so vergänglich und dass auch das Edelste und Höchste in der Welt dem schliesslichen Untergang verfallen ist? Hier ist der Punkt, wo die nordische Mythologie und die schopenhauersche Philosophie sich am innigsten berühren. Offenbar nämlich kann der Grund nur dort gesucht werden, woraus überhaupt alles Übel in der Welt hervorgeht, in der Selbstsucht, die nach äusserem Besitze strebt, im Willen zur Macht, der keine Gebote kennt und in seiner Gier sich rücksichtslos über die fremden Eigentumsrechte, wie über die eingegangenen Verpflichtungen hinwegsetzt, im Vertragsbruch, der Untreue, im Meineid, im Verrat, worin die Germanen das schwärzeste aller Laster sahen. Daher stammt der Fluch, der am Golde, d. h. der Erde haftet, um deren Besitz sich von Anbeginn an die Mächte des Lichts und der Finsternis streiten. Unmöglich könnte den Göttern die Herrschaft über die Welt wieder entrissen werden, wenn sie ursprünglich auf rechtmässige Weise in deren Besitz gelangt wären. Unmöglich könnten sie selbst im Kampf um jene Herrschaft zu Grunde gehen, wenn nicht eine Schuld mit ihrer Erwerbung verbunden wäre, die nur durch den Untergang der Erwerber und die Rückkehr des Schatzes zu seinen ursprünglichen Eigentümern gesühnt werden kann. Nur weil die Götter selbst schuldbeladen sind, darum sind auch sie dem Fluche verfallen und droht ihnen trotz all ihrer Mühen und ihres Ringens am Ende doch die Götterdämmerung. Nur weil sie dem Fluche verfallen sind und wissen, dass sie es sind, weil der Untergang ihnen gewiss ist und sie dennoch nicht aufhören, in furchtlosem Heldentrotz sich gegen ihre Feinde zu behaupten, darum sehen wir uns zu tiefstem Mitgefühl mit diesen Göttern hingerissen, darum erscheint die germanische Religion durchweht von einer Tragik, die selbst von der Tragik des Kreuzestodes nicht übertroffen wird.[1]

In der germanischen, wie in der christlichen Religion müssen Balder und Christus den Tod erleiden, obwohl gerade sie bei der sittlichen Verderbnis aller Übrigen sich nicht mit Schuld beladen haben. Der Grund ist in beiden Fällen derselbe, weil der unschuldige Einzelne, als Glied einer schuldbeladenen Gemeinschaft, auch mit für deren Vergehungen haftet. Christus trägt der Welt Sünde als der „Menschensohn". Balder stirbt

[1] Vgl. hierzu E. v. Hartmann: Religionsphilosophie I. 159 ff.

Drews, Der Ideengehalt. 4

als der Zugehörige zu einer Familie, deren sämtliche Mitglieder
durch ihre Schuld den Tod gegen sich heraufbeschworen haben.
Aber während im Christentum der unschuldig leidende Gott im
Mittelpunkte des religiösen Vorstellungskreises steht, nimmt Balder
im Germanentum eine mehr seitliche Stellung ein, im Vordergrunde
des Interesses aber befindet sich der Vater und das Oberhaupt
der Götterfamilie, Wotan. Gottvater im Christentum schickt seinen
Sohn in die Welt, um durch sein unschuldiges Leiden und
Sterben die Sünden der Menschheit zu sühnen, obschon er doch
selbst eigentlich für diese Sünden durch seine Schöpfung ver-
antwortlich ist. Gottvater im Germanentum erkennt gerade an
dem Tode seines besten Sohnes, wie weit das Verderben in der
Welt schon um sich gegriffen hat, und weil er sich selbst als
den Urheber des Verderbens weiss, darum wird ihm Balders
Tod zur Veranlassung, den selbstverschuldeten Untergang frei-
willig zu wollen, um dadurch mit seiner eigenen Person den
Untergang zu sühnen.

So ist Wotan, indem er sich selbst nicht schont und den
Seinigen in der letzten entscheidenden Götterschlacht vorangeht,
noch in einem viel tieferen Sinne der „Vatergott", als von einem
solchen im Judentum und Christentum die Rede sein kann. So
ist er zugleich auch der Träger der erhabensten religiösen Tragik,
in dessen Person von allen Seiten die Fäden in der grossen germanischen Göttertragödie zusammenlaufen. Daher war es ein
glücklicher Instinkt, der Wagner veranlasste, gerade ihn zur
Hauptperson und zum eigentlichen Helden seiner Dichtung vom
„Ring des Nibelungen" zu machen. Dieser Held tritt zwar
nicht überall als solcher hervor, indes ist leicht zu sehen, dass
die ganze Handlung des „Ringes", so wie sie aus Wotans
erstem Unrecht entspringt, von diesem auch in ihren einzelnen Mo-
menten bestimmt und zu Ende geführt wird. Neben Wotan
nimmt selbst Siegfried nur eine zweite Stelle ein, aber doch
in keinem andern Sinne, wie es Balder im germanischen Götter-
mythus thut. Indem nun Wagner in seinem „Ringe" den ganzen
Mythus des Weltenjahres vom Urbeginn bis zur Götterdämmerung seinen wesentlichsten Zügen nach dargestellt hat, so erweitert das die Idee seines Werkes in so universalistischer Weise
und verleiht es ihm zugleich einen so erhabenen Charakter von
höchster mikrokosmischer Bedeutsamkeit, wie sie ausser ihm

höchstens noch dem äschyleischen „Prometheus" und Goethes „Faust" zugeschrieben werden kann. Indem er aber den Mythus nicht in seiner ursprünglichen Form dargestellt, sondern die Vermenschlichung Balders in der Person des Helden Siegfried benutzt, uns damit aus der befremdlichen Sphäre der nordischen Götterwelt auf die heimatliche Erde versetzt und hierher den Fortgang der Handlung verlegt hat, so hat er, wie sich zeigen wird, den Mythus zugleich unbewusst in einer Weise vertieft, wodurch er fähig geworden ist, zum Ausdruck der höchsten philosophischen Gedankenwelt in unserer eigenen Zeit zu werden.

III.

Das Rheingold.

Es ist ein übereinstimmender Zug in den verschiedenen Mythologien, dass sie als den Urzustand des Seins das Wasser betrachten und hieraus die Vielheit der Erscheinungen hervorgehen lassen. Denken wir nur an den Anfang der Genesis, wonach ursprünglich „der Geist des Herrn über den Wassern schwebte!" Aber auch die Geschichte der Philosophie beginnt bekanntlich damit, dass der griechische Weise Thales das Wasser für den Grundstoff aller Dinge erklärte.

In der That, wenn es gilt, für jenen ursprünglichen Zustand ein anschauliches Bild in der Natur zu finden, so scheint hierzu nichts so geeignet, wie das Wasser. In seinem Schosse ruht gleichsam die Welt, als wäre sie, wie eine Insel, daraus emporgestiegen, und noch täglich taucht die Sonne aus den Fluten des Meeres auf, die Wellen mit ihrem Glanz vergoldend, und ruft wunderbare Ahnungen von Schätzen wach, die drunten in der Tiefe schlummern. Kein Element scheint infolge seiner flüssigen und schmiegsamen Beschaffenheit mehr befähigt, die Formen aller Dinge anzunehmen, keines kommt an geheimnisvoller Erhabenheit dem Wasser gleich, das unendlich scheint, wie die Ewigkeit, und zeugungskräftig, wie die Gottheit selbst, wenn es als Regen auf das durstige Land herniederträufelt. Darum dachten sich auch unsere Vorfahren, dass die Erde aus

4*

dem Wasser entstanden sei, und sie erfanden hierfür das mythische Bild des Goldes, das unschädlich ist, solange es noch in dunkler Tiefe schlummert, aber sofort Unruhe und Zwietracht hervorruft, sobald es an das Licht gelangt ist. Als die Erde aus dem Wasser emportauchte, als das Gold sich offenbarte, oder, wie es im Völuspaliede der „Edda" heisst, als die Zeitjungfrauen, die Nornen, zu den Göttern kamen, d. h. als das zeitliche Leben begann, da war es mit der Unschuld der Götter und ihrem heiteren Spiel vorbei, da erwachte in ihnen die Begierde nach Macht und Reichtum, nach der Aufrichtung von Burgen und künstlicher Verarbeitung des Goldes, und eine Zeit der Zwietracht und der Schuld brach an.

Aus diesen Voraussetzungen heraus hat Wagner die erste Scene seines „Rheingold" gedichtet, indem er dabei verwandte Züge der Heldensage mit den mythischen Überlieferungen der „Edda" verschmolzen hat.

Auch bei Wagner beginnt die Handlung im Wasser. Wir befinden uns auf dem Grunde des Rheins. Auf einem steil emporragenden Riffe vermuten wir das Gold. Aber eine grünliche Dämmerung verhüllt uns noch den hehren Schatz der Tiefe, und nur die Gestalten der Rheintöchter tauchen aus dem Dunkel auf und kreisen in anmutiger Bewegung um das Riff in der Mitte.

Offenbar wird uns auch hier ein ursprünglicher Zustand des Seins vorgefühlt. Das lässt schon die Musik des Orchestervorspiels erkennen. Oder giebt es wohl eine sinnenfälligere Illustrierung der zeitlosen Ewigkeit, die allem Dasein vorangeht, als jenen lang anhaltenden Orgelpunkt in Es dur, womit das Vorspiel beginnt, und der uns, wie mit magischer Gewalt, den Gedanken an eine erhabene Unterschiedslosigkeit vor die Seele zaubert? Und wenn sich dann auf dieser festen Basis das langsam aufsteigende „Motiv des Urelements" in immer neuen Ansätzen erhebt und das Orchester uns das Quirlen und Quellen des Wassers schildert, da empfinden wir etwas, wie einen geheimnisvollen Werdedrang, wie ein erstes Regen und Weben tief verborgener Kräfte, die nach Gestaltung ringen und in immer ausdrucksvollerer Bewegung die Hülle zu zersprengen scheinen. Und dann lösen sich aus diesem Gedränge und Gewoge zuerst die hellen Stimmen der Rheintöchter los. Aber es sind im Anfang noch keine bestimmten Worte, die wir vernehmen, sondern blosse Naturlaute. Das Geistige hat sich noch nicht zu festen Begriffen verdichtet: es ist das „Weia! Waga", das berühmte und berüchtigte „Wagalaweia", das sich so vielen Spott hat gefallen lassen müssen und doch in Wahrheit so vortrefflich geeignet ist, um Wagners Absicht, das erste keimhafte Lallen und Stammeln des Geistes, zu illustrieren.

Dass wir es also hier mit einem Urzustande zu thun haben, worin die Kräfte sich noch nicht feindlich gegen einander gekehrt haben, daran ist kein Zweifel, und die erste Scene des „Rheingold" ist daher auch nie in einem anderen Sinne verstanden worden. In diese stille Tiefe ist noch kein Schmerzenslaut gedrungen. Das Regen der Kräfte ist in ihr nur erst ein reines Spiel ihrer angestammten Bewohner, denen die Not der Wirklichkeit noch fremd ist, und welche die letztere höchstens in der Vorstellung kennen. Aber dieser Zustand ist von keiner Dauer, und auch die Kunst kann nicht lange bei der Schilderung einer solchen Thatenlosigkeit und Affektlosigkeit verweilen. Die eigentliche Handlung beginnt sonach erst in dem Momente, wo Alberich sich auf dem Grunde des Rheines zeigt und die Rheintöchter bei seinem Anblick erschreckt auseinanderfahren.

Wer sind nun die Kräfte, die sich in jenem Urzustande regen? Denn dass den Gestalten des Dramas, wie der ganzen Handlung desselben, eine symbolische, über ihre unmittelbare Erscheinung hinausweisende Bedeutung zukommt, daran besteht ja nach dem Vorangegangenen kein Zweifel. Wir wissen, dass Wagner bei der ursprünglichen Konzeption des Werkes, solange er, als Anhänger Feuerbachs, auf empirischem Boden stand und jede Art von transcendentem, übersinnlichem Sein verwarf, seine Dichtung durchaus nur im Sinne der unmittelbaren Wahrnehmungswelt verstanden hatte. Damals hatte es sich für ihn um den Gegensatz von Egoismus und Altruismus, von Individualismus und Kommunismus, um den Sieg der Allgemeinheit über die Selbstsucht und die Lieblosigkeit des Einzelnen gehandelt. Er hatte demgemäss jenen Urzustand als eine Art goldenen Zeitalters verstanden, als ein paradiesisches Zusammenleben der Menschen in voller Unschuld und Sündenreinheit, wo die Gier nach Besitz noch nicht erwacht, das Eigentum noch keine Zwietracht unter den Menschen hervorgebracht hat. Davon konnte nach seiner Bekanntschaft mit Schopenhauer keine Rede mehr sein.

Denn nun galt ihm nicht mehr das Empirische, sinnlich Wahrgenommene, sondern das Transcendente, Übersinnliche als das
eigentliche Sein, nun konnte folglich auch das Kunstwerk nicht
mehr symbolisch sein, indem es bloss die empirische Welt wieder-
spiegelte, sondern nur dadurch, dass es im ästhetischen Schein
die transcendente Wirklichkeit, die Welt metaphysischer Wesenheiten zum anschaulichen Ausdruck brachte. Um den nunmehrigen
Sinn vom „Ring des Nibelungen" zu verstehen, müssen wir uns
daher ein für alle Mal vor Augen halten, dass es metaphysische,
abstrakte, übersinnliche Potenzen sind, womit dessen Ideen-
inhalt operiert, und dass sich ihre Quelle irgendwie in Schopenhauers „Welt als Wille und Vorstellung" muss nachweisen
lassen.

Hiermit erhalten wir nun sogleich den Schlüssel, um uns
das Verständnis wenigstens für das Wesen des Alberich aufzuschliessen. Dieser nämlich hat kaum die Rheintöchter erblickt,
so entbrennt er zu ihnen in sinnlicher Begierde:

> „He! he! ihr Nicker!   Aus Nibelheims Nacht
> Wie seid ihr niedlich,   naht' ich euch gern,
> neidliches Volk!   neigtet ihr euch zu mir!"

Er fordert die Mädchen auf, zu ihm herabzutauchen, und ist
in seiner Verliebtheit so blind, dass er garnicht bemerkt, wie
jene, nur um ihn zu necken, seinem Wunsche scheinbar willfahren, um ihm dann immer wieder zu entschlüpfen, sobald er
sie eben zu halten glaubt. Statt ihn abzukühlen, stachelt ihn
vielmehr das neckische Spiel der Mädchen nur zu immer heisserem
Verlangen auf. Er fängt an, sie treulos zu schelten, und seine
ohnmächtige Wut erreicht zugleich mit seiner Begierde ihren
höchsten Gipfel:

> „Wie in den Gliedern   wühlt mir den Mut auf! —
> brünstige Glut   Wie ihr auch lacht und lügt,
> mir brennt und glüht!   lüstern lechz' ich nach euch,
> Wut und Minne   und eine muss mir erliegen!"
> wild und mächtig

Alberich ist ganz Sinnlichkeit, ganz Begehren, ganz Wille
im Sinne Schopenhauers, jener „blinde und dumme" Wille,
der einzig nach Befriedigung lechzt und nicht merkt, wie die
Illusionen ihn zum Narren haben. Dann aber sind die Rheintöchter diese Illusionen selbst, ideelle, gedankliche Wesenheiten,

deren Bethätigung ein blosses unwirkliches Spiel, ein reiner Schein, deren Natur ist, das Gegenteil des realen (wirklichen) Seins, aber trotzdem ein solches Etwas zu sein, was dem Willen eine Realität vorspiegelt und ihn dadurch zur Verwirklichung ihres ideellen Inhalts anregt. Vortrefflich drückt sich dieser Gegensatz in der Verschiedenheit ihrer beiderseitigen äusseren Erscheinungen aus. Auf der einen Seite die reizenden Mädchen, „hell und schön", wie sie, flinken Fischen gleich, leicht dahingleiten im Schimmer des sie weich umfliessenden Elementes. Und ihnen gegenüber der hässliche Albe, ein schwarzhaariger, höckeriger Gesell mit stechendem Blick, struppigem Bart und krächzender Stimme, doppelt hässlich in seiner widerlichen Lüsternheit, der sich vergeblich abmüht, in der ungewohnten Wassertiefe vorwärts zu kommen, und in seiner plumpen Unbeholfenheit, womit er ihnen nachjagt, nicht beachtet, wie er sich damit dem Spotte der verfolgten Rheintöchter aussetzt.

Nunmehr sind wir auch imstande, die Art jenes Urzustandes genauer zu bestimmen. Wir wissen aus Schopenhauer, dass der Wille das Prinzip des realen Seins, der Erzeuger und das metaphysische Wesen der Wirklichkeit ist. Wirklich sein heisst ja nämlich nichts Anderes, als wirkend sein; denn was nicht wirkt, was nicht irgendwie durch seine Thätigkeit zu seiner Umgebung in Beziehung steht, das ist auch nicht. Alles Seiende oder Existierende ist demnach ein thätig sich auf einander Beziehendes. Alles Wirken aber ist eine Funktion des Willens. Folglich kann nur da von Wirklichkeit (Realität) die Rede sein, wo ein Wille funktioniert, aktuell oder im Zustande des Wollens befindlich ist. Nun ist aber der Wille dies nur, wofern er einen Inhalt oder ein Objekt hat, das er wollen kann. Ist also der Wille selbst die Potenz, durch deren Thätigkeit die Realität erst hervorgebracht wird, so kann folglich der zu realisierende Inhalt nur ein Ideelles, eine Vorstellung (Idee) sein, mit welcher zusammen der Wille das reale Sein erzeugt.

Der Wille ist an sich ein blinder und dummer, d. h. er ist ein inhaltsloser Wille. Die Idee ist ebenso ohne alle Kraft, sich zu realisieren. Der Inhalt des Willens ist die Idee. Die Kraft der Idee dagegen ist der Wille. Jedem der beiden mangelt also gerade dasjenige, was sein Gegenteil besitzt; folglich sind sie auf einander angewiesen und bilden erst in ihrer wechsel-

seitigen Vereinigung ein wahres Ganzes. Darum hat es seinen
guten Sinn, wenn die Philosophie die Idee unter dem Bilde des
Weiblichen, den Willen unter dem Bilde des Männlichen vor-
gestellt hat. Das Verhältnis ist genau dasselbe, wie zwischen
Mann und Weib, die auch erst durch ihre gegenseitige Ergänzung
zur Produktion eines neuen realen Wesens befähigt werden.
Darum entspricht es auch vollkommen der hier dargelegten Auffassung, wenn Alberich, als der männliche Wille, die Rheintöchter, d. h. die Repräsentantinnen der Idee, zu eigen begehrt,
die letzteren dagegen sich ihm gegenüber rein passiv verhalten
und ihn höchstens im neckischen Spiele zur Umarmung reizen.
Denn weil die Idee an sich willenlos und kraftlos ist, so hat sie
auch gar kein Interesse daran, vom Willen realisiert zu werden.
Hat sich aber der Wille einmal der Idee bemächtigt, dann müssen
sie immer zusammen bleiben und bilden sie ein untrennbares
Ganzes:

> „Treu sind wir und ohne Trug
> dem Freier, der uns fängt."

Jenes Ganze nun, das Produkt ihrer beiderseitigen Vereinigung
und Ergänzung, ist, wie gesagt, die Wirklichkeit in ihrer inhaltlichen Mannigfaltigkeit. Darum befinden wir uns hier, solange
Alberich sein Ziel noch nicht erreicht hat, einem Zustande gegenüber, der jenseits und vor dem realen Dasein liegt. Die
Willensphilosophie, die den Willen als Prinzip der Realität betrachtet, kann nicht umhin, einen solchen Zustand anzunehmen,
denn es liegt nicht im Wesen des Willens, immer aktuell zu
wollen. Freilich ist sie auch nicht imstande, diesen Zustand,
weil er ausserhalb der Sphäre des Seins liegt, zu bestimmen,
denn unsere Begriffe, womit wir operieren, sind bekanntlich erst
von den seienden Gegenständen abgezogen. Sie muss sich darauf
beschränken, ihn als einen Zustand vor allem Sein und Denken,
als „unvordenkliches Sein", wie Schelling ihn genannt hat, hinzustellen. Wohl aber kann ihn uns die Kunst im ästhetischen
Scheine ahnen lassen, indem sie uns jenen ursprünglichen Un-
schuldszustand am Grunde des Rheins vorführt, wo der Wille
eben erst erwacht und die Idee ihm noch in unberührter Reinheit
ihren möglichen Inhalt vorgaukelt — sie also vermag auch dort
noch einen Ausdruck zu finden, wo unser reflektierendes Bewusstsein mit seinen abstrakten Begriffen nicht mehr hinreicht.

Wie eine philosophische Paraphrase zur ersten Rheingold-
scene mutet es uns an, wie Schelling die „göttliche Imagination",
das erste Auftauchen der Idee vor dem Willen Gottes schildert.
In Übereinstimmung mit dem alten Görlitzer Schuhmacher, dem
tiefsinnigen Theosophen und Mystiker Jakob Böhme denkt sich
Schelling, dass in jenem Zustande des Erwachens jenes Willens,
als derselbe sich aus der bisherigen Latenz zum aktiven Wollen
erhob, die ganze Fülle desjenigen, was einst wirklich werden
sollte, in ideeller Form an ihm vorüberzog. „Es ging aber vor dem
Auge des Ewigen alles nur als ein Blick oder Gesicht vorüber:
als ein Blick, weil es in dem zarten Mittel (hier dem Wasser)
gleichsam nur aufblickte; als ein Gesicht, weil es gegen ihn (den
Willen) keine Wirklichkeit hatte, sondern im Werden wieder
verging und nichts Bleibendes, nichts Festes, sondern alles in
unaufhörlicher Bildung war. Denn noch fehlte diesem Leben,
das an sich nur Traum und Schatten ist, die göttliche Bekräftigung".
Darum nennt Schelling die Imagination auch „die irdische Maja,
welche die Netze des Scheins, des bloss Erscheinenden, nicht
Wirklichen ausspannt vor dem Schöpfer, um den Schöpfer gleichsam zu sehen und zur wirklichen Schöpfung zu bewegen". Aber
weil sie an sich schlechthin nichtig (ideell) ist, darum ist sie nur
„ein blosses Spiel, das auf Wirklichkeit keinen Anspruch macht",
jene „spielende Lust im ursprünglichen Leben Gottes",
die Schelling beschreibt als den „Glanz des ewigen Lichtes, einen
fleckenlosen Spiegel der göttlichen Kraft".[1])

Dürfen wir an diesen „Glanz des ewigen Lichtes" denken,
wenn nun auch bei Wagner die Scene sich plötzlich erhellt und
die Sonne ihre Strahlen in die Flut herabsendet? Von ihrem
Kuss erweckt, blitzt das Gold auf der Höhe des mittleren Riffes
in blendendem Schimmer auf:

„Lugt, Schwestern!	dass er es öffne,
Die Weckerin lacht in den Grund.	schaut, es lächelt
Durch den grünen Schwall	in lichtem Schein;
den wonnigen Schläfer sie grüsst.	durch die Fluten hin
Jetzt küsst sie sein Auge,	fliesst sein strahlender Stern." —

---

[1]) Schellings Werke: I. VIII. 289. 294. 281. 296. Vgl. mein Werk: Die
deutsche Spekulation seit Kant mit besonderer Rücksicht auf das Wesen des Absoluten
und die Persönlichkeit Gottes I. 341.

Alberich aber hat hinfort kein Auge mehr für die Mädchen.
Sein Blick hängt gebannt an „der Wassertiefe wonnigem Stern".
Und wie er nun aus dem Munde der Rheintöchter die Kunde
vernimmt:

> „Der Welt Erbe   schüfe den Ring,
> gewönne zu eigen,   der masslose Macht ihm verlieh'",
> wer aus dem Rheingold

wie aber daran die Bedingung geknüpft ist:

> „nur wer der Minne   Lust verjagt,
> Macht entsagt,   nur der erzielt sich den Zauber,
> nur wer der Liebe   zum Reif zu zwingen das Gold" —

da schlägt seine frühere Liebeslust in wütendste Begierde nach
dem Golde, nach der „Welt Erbe", nach Macht und Herrschaft
um. Alberich flucht der Liebe, reisst mit furchtbarer Gewalt
das Gold vom Riff und verschwindet damit in der Tiefe. Und
über dem Grunde des Wassers bricht wiederum finstere Nacht
herein, und in das Hohngelächter des Räubers mischt sich das
Wehegeschrei der entsetzten Rheintöchter.

Versuchen wir uns den Sinn dieser Vorgänge klar zu machen,
so ist offenbar das Gold, in dessen Glanz sich die Rheintöchter
baden, das Element des Ideellen selbst, das Symbol der
reinen Idee als solchen, dessen innere Momente die besonderen
Ideen bilden, oder es ist das Ideal in seiner unberührten Reinheit und Ursprünglichkeit, das aber alsbald zu einem Symbol
des machtverleihenden Wissens und Besitzes wird, sowie
es vom Willen in blosser egoistischer Begier ergriffen und dessen
Bestrebungen dienstbar gemacht wird. Indem Alberich von
den Mädchen ablässt und sich dafür des Goldes bemächtigt,
vollzieht er die erwähnte Vereinigung des Willens mit der Idee,
aber er thut es um den Preis des Liebesfluches und enthüllt
sich damit als ein rein egoistischer Wille, dem folglich auch
nur eine ebenso selbstsüchtige Wirklichkeit entspringen kann.
Erst jetzt also befinden wir uns auf dem Boden des realen Seins.
Aber diese Realität ist das Produkt des blinden Willens, ist
die Folge eines ursprünglichen Vergehens, oder, wie man auch
wohl gesagt hat, einer „Urschuld". Kein Wunder, wenn sich
die Spuren hiervon alsbald auch am Realen zeigen und dies
erste Unrecht eine Kette von Schuld und Unrecht nach sich
zieht. —

Begeben wir uns nun mit der zweiten Scene des „Rheingold" in das Reich der Götter, so hängt alles davon ab, an welche metaphysische Potenz wir bei Wotan zu denken haben. Diese Antwort aber hat Wagner selbst gegeben, indem er an einer oft zitierten Stelle seines Aufsatzes „Über Staat und Religion" den obersten Repräsentanten des germanischen Götterhimmels mit dem schopenhauerschen Willen identifiziert hat.[1]) Da entsteht die Frage, wodurch sich Wotan von Alberich unterscheidet, den wir ebenfalls als eine Personifikation des nämlichen Willens erkannten.

Aller Wille ist Wille zum Leben und zur Macht. Darum bildet auch bei Wotan das Streben nach Macht und Herrschaft die innerste Triebfeder seiner Handlungsweisen. Allein wenn Alberich, als der blinde und daher auch abstrakte, inhaltsleere Wille des Anfangs, eben wegen seiner Blindheit und Beschränktheit das tote Gold dem blühenden Leben der Rheintöchter vorzieht und damit zum Vertreter des rücksichtslosesten Egoismus und der niedrigsten Sinnlichkeit herabsinkt, so ist dagegen Wotan weit entfernt, der Liebe für immer entsagen zu wollen. Dieser ist vielmehr selbst vermählt, ja, ehrt die Frauen mehr, als Fricka lieb ist. Wotan ist sonach der mit der Idee bereits erfüllte Wille, denn die Frauen sind in der germanischen Göttersage, wie wir gesehen haben, überall die Repräsentantinnen des Wissens oder der Idee. Sein eines Auge hat der Gott daran gesetzt, um Fricka zum Weibe zu gewinnen, d. h. der Wille hat sich eines Teils seines eigenen Selbst entäussert, er hat seinen ursprünglichen, bloss potentiellen Zustand, worin er noch die Freiheit hatte, zu wollen oder nicht zu wollen, aufgegeben, indem er sich mit der Idee vereinigt hat. In dieser Vereinigung kommt nun aber auch seine innerste Natur zum Durchbruch:

> „Als junger Liebe
> Lust mir verblich,
> verlangte nach Macht mein Mut".

Dadurch nun bildet er den Gegensatz zu Alberich und ist er der Herrscher im Reiche aller übrigen Kräfte oder Willenspotenzen, die sich zu ihm nur als verschiedene Stufen seiner Objektivation oder als untergeordnete Erscheinungsformen (Acci-

---

[1]) Wagner: Ges. Schriften VIII. 6.

denzen, Modi) seiner eigenen metaphysischen Wesenheit verhalten. In einer früheren (später fallen gelassenen) Fassung seines Werkes hat Wagner dieser Bedeutung des Wotan einen unverkennbaren Ausdruck gegeben. Hier lässt er diesen von sich selbst sagen:

„Des Urgesetzes
walt ich vor allem;
wo Kräfte zeugen und kreisen,
zieh ich meines Wirkens Kreis;
wohin er läuft,
leit ich den Strom,
den Quell hüt' ich,
aus dem er quillt,
wo Leibes- und Liebeskraft,
da wahrt' ich mir Lebensmacht".

Wotan ist sonach der absolute aktuelle Wille, aus dessen innerster Wesenheit alles Sein hervorquillt, er ist der Wille, der, als die bewegende, thätige und erhaltende Kraft, in allen Erscheinungen waltet und in immer neuen Formen und Gestaltungsweisen die Unerschöpflichkeit seiner Natur offenbart. So ist er das einheitliche, über alle Einzeldinge übergreifende Wesen der Welt, das die Vielheit der individuellen Existenzen durch seine Liebeskraft zusammenhält, indem er zugleich diese selben Existenzen zu Gliedern und Dienern seiner eigenen höheren Bestimmung herabsetzt. Diese Bedeutung hat er in gewissem Sinne schon in der germanischen Mythologie. Es ist kein Zufall, dass in der Dreiheit von Odin, Wili und Wuotan, wodurch in der „Edda" die höchste Gottheit bezeichnet wird, sich bereits eine Hindeutung auf den Willen findet. Hängt doch auch schon, rein etymologisch genommen, der Name Wuotan nach Jakob Grimm mit Wut, votum, Ungestüm, Streben, Wünschen und Wollen zusammen.

Wotan besitzt, wie gesagt, das Wissen schon und ist eben dadurch ein konkreter, inhaltlicher Wille. Darum handelt es sich bei ihm nicht, wie bei Alberich, um die Erschaffung des abstrakten Seins, denn dieses beruht auf der ursprünglichen Vereinigung der Idee und des leeren Willens. Wohl aber besitzt der aktuelle Wille das konkrete Dasein selbst noch nicht, d. h. er ist noch nicht Herr der Welt, denn dazu bedarf es der Erfüllung besonderer Bedingungen, die als solche nicht unmittelbar in seinem Wesen liegen. Wie die erste Scene des „Rheingold" jene Vereinigung des Willens mit der Idee, so schildern daher die folgenden Scenen die Erschaffung und Erhaltung der Weltwirklichkeit durch das Wollen. Auch hier also handelt es, wie dort, um eine Besitzergreifung, denn das Streben des Willens ist notwendig auf ein Objekt gerichtet und nur erst, indem er sich dasselbe zu eigen gemacht hat, ist der Wille befriedigt. Indessen dies Objekt ist hier nicht die metaphysische Idee in ihrer Reinheit und Ursprünglichkeit, sondern die Welt, als die konkrete Erscheinung oder Darstellung der Idee, die als solche den alleinigen Schauplatz aller Thätigkeit des Willens bildet.

Hatte die reine metaphysische Idee ihren zusammenfassenden symbolischen Ausdruck im Rheingold gefunden, so veranschaulicht sich uns nun die konkrete Entfaltung oder die qualitative Bestimmtheit der Idee in Walhall. Da aber jene nichts Anderes ist als die Wirklichkeit, wie sie sich ihrer inhaltlichen Beschaffenheit nach darstellt, so haben wir bei Walhall in weiterem Sinne auch an die Welt zu denken.

Aus Wotans Geist ist der Gedanke der Götterburg entsprungen. Aber was der Gott im Traum erschaut, d. h. zunächst nur in ideeller Form gesetzt hat, das hat er den Riesen Fasolt und Fafner zur Realisierung überwiesen. Nach der obigen Bestimmung sind diese beiden blosse untergeordnete, niedrige Stufen der Objektivation des Willens, worauf sich der herrschende Wille zur Realisierung seines schöpferischen Gedankens stützen muss, ja, wir können sie geradezu als die rohen, kaum gebändigten Naturkräfte bestimmen, auf deren Wirksamkeit der materielle Bau der Welt beruht. Sie sind die Repräsentanten der Materie, ohne welche es eine Realität nicht geben kann, und mit welcher doch zugleich der herrschende, rein geistige Wille in die Gebundenheit und Abhängigkeit von der Natur gerät; denn er muss gleichsam einen Vergleich mit der Materie schliessen und sich ihren Gesetzen, die ihm selbst fremd sind, unterwerfen, wenn anders er durch sie regieren will. Darum halten ihm die Riesen, als Wotan Miene macht, sich ihren Ansprüchen zu entziehen, den Vertrag entgegen:

„Was du bist,
bist du nur durch Verträge!"

Denn in der That, nur durch seine Vereinigung mit der Idee ist Wotan der aktuelle Wille, die Idee aber zwingt ihn, die Gesetze der Materie zu achten.

Der Preis nun, den die Riesen sich vertragsmässig für ihre Arbeit ausbedungen haben, ist Freia, die Göttin der Liebe und der Schönheit. Der Schönheit schlägt das Herz der Natur entgegen, und diese vermag sie sich durch den rohen Mechanismus ihrer Kräfte doch selbst nicht zu geben, sondern muss sie von aussen durch die Idee empfangen. Wir erwähnten ja schon öfter, dass die Göttinnen der germanischen Mythologie allesamt nur verschiedene Momente der Idee darstellen. Unter ihnen aber bedeutet Freia die ewige Jugend der Idee, deren mannigfache Gestalten und Erscheinungsformen zur Zeit mit ihrem beständigen Werden und Vergehen kein Verhältnis haben. Solange daher die Götter von den goldenen Äpfeln aus Freias Garten essen, bleiben sie jung und blühend. Sobald dagegen Freia aus ihrer Mitte entführt ist, schwindet ihre Kraft dahin; denn die Idee ist es, wovon der Wille seinen Inhalt empfängt, und worauf sich demgemäss der aktuelle Bestand des Willens gründet.

Darum weckt Fricka ihren Gemahl mit banger Sorge aus dem Schlaf, als sie die Zinnen von Walhall im Glanze der aufgehenden Sonne erblickt. Sie selbst war nicht zugegen, als Wotan den Vertrag mit den Riesen abschloss, und wenn sie auch den Bau der Götterburg im Stillen wünschte, um den treulos umherschweifenden Gemahl, der Wandel und Wechsel liebt, durch eine eheliche Häuslichkeit an sich zu fesseln, so kann sie ihm doch die Vorwürfe wegen seines unbedachtsamen Versprechens nicht ersparen. Sie erscheint so gewissermassen als die Besonnenheit der Idee oder als dasjenige, was wir im empirischen Sinne das Gewissen nennen, das sich freilich erst nach vollbrachter Handlung geltend macht.

Wotan aber denkt garnicht ernstlich daran, Freia fortzugeben, sondern verlässt sich auf Loge, der ihm versprochen hat, sich nach einem Ersatz für die Göttin umzusehen. Dieser Loge nimmt bei Wagner eine eigentümliche Doppelstellung ein. Auf der einen Seite repräsentiert er, als der listige und schlaue Gott, das weibliche oder ideale Moment der Seinsfaktoren. Auf der anderen aber erscheint er doch in männlicher Gestalt und offenbart sich damit als eine Erscheinungsform des Willens. Gewiss passt dieser schillernde Charakter sehr wohl für den Vertreter der List und Schlauheit; denn diese ist keine rein ideale Wesenheit, sondern pflegt ihren idealen Inhalt immer nur unter dem Einflusse eines herrschenden Willens zu realisieren. Loge ist somit recht eigentlich die Personifikation desjenigen, was Schopenhauer den „Primat des Willens im Selbstbewusstsein" genannt hat. Es liegt nun aber auf der Hand, dass ein solches Wesen, in welchem sich Wille und Vorstellung aufs innigste durchdrungen haben, keinen einheitlichen und positiven Charakter haben kann. Daher die unruhige, hin und herschwankende und schweifende Natur des Loge, der es nirgends lange aushält, weil seine Heimat weder im Reiche der Ideen, noch des Willens ist:

> „In Tiefen und Höhen   Haus und Herd
> treibt mich mein Hang,   behagt mir nicht".

Diese seine widerspruchsvolle Doppelnatur bringt es auch mit sich, dass Loge kein positives Ziel anerkennt. Als Idee und Wissen, stellt er sich zwar in den Dienst des Willens, aber da er selbst seiner eigensten Natur nach Wille ist, so ist jenes ein durch den Willen verneintes, negatives Wissen. Loge ist sonach „der Geist, der stets verneint", gleich dem griechischen Hermes, der Gott der List und Schlauheit, aber auch zugleich der Lüge, denn nur zu oft fallen beide zusammen. Kein Wunder, dass er von den übrigen Göttern mit Misstrauen betrachtet wird. Sie bedienen sich seiner, wo sie ihn nicht entbehren können, aber da die List aus ethischem Gesichtspunkte als etwas Verwerfliches erscheint, so lassen sie ihn nicht als einen der Ihrigen gelten und dulden ihn nur ungern in ihrem Kreise:

> „Immer ist Undank
> Loges Lohn!"

Nur Wotan macht hiervon eine Ausnahme. Er hat Loge bei den Göttern aufgenommen und ihn, der als verzehrendes Feuerelement ursprünglich bloss negativ gewirkt hat, in den Dienst der göttlichen Zwecke gestellt. Gesetzt nämlich, dass Wotan der konkrete absolute Wille ist, von dessen Wollen das Dasein abhängt, so liegt es in der Natur eines solchen Willens, dass derselbe nur Positives wollen kann. Denn der Wille zum Leben, einmal erwacht, muss wollen, und zwar muss er wollen, was die Idee ihm als seinen Inhalt darbietet. Dieser Inhalt der absoluten Idee kann aber, da er selbst ein absoluter ist, nur ein über alle Bedingtheit und Negativität erhabener, d. h. ein positiver Inhalt sein. Daher ist Wotan ausser stande, von sich aus einen negativen Inhalt zu realisieren. Trotzdem trägt auch der positive absolute Wille, der als solcher unmittelbar nur das Sein, aber nicht das Nichtsein wollen kann, den Keim des

Negativen in sich, zwar nicht als etwas seiner eigenen Natur Ent-
sprechendes, aber doch ihm Unentbehrliches, vermittelst dessen
er unter Umständen seine positiven Ziele durchsetzt, und diese
Kehrseite von Wotans Wesen, dieses negative Moment im absoluten Willen, dies ist es, was Wagner in der Person des Loge
dargestellt hat.

Umsonst hat sich Loge nach einem Tauschobjekt für Freia
umgesehen:

„In der Welten Ring   als Ersatz zu muten dem Mann
nichts ist so reich,   für Weibes Wonne und Wert".

Nur Alberich hat die Liebe abgeschworen und aus dem Rheingold den Ring geschmiedet, durch dessen Zauber er die Herrschaft über die Welt zu erringen hofft. Diese Erwähnung lässt
sofort in allen Beteiligten den Wunsch nach dem Besitz des
Ringes entstehen. Um den Preis des Rheingoldes versprechen
die Riesen, Freia loszulassen. Einstweilen aber führen sie die
Göttin als Pfand mit sich von dannen. Da senkt sich ein fahler
Nebel über die Götter herab. Die Farbe ihrer Wangen erbleicht,
ihr Auge trübt sich, der Hand des Donnergotts entfällt der
Hammer, Wotan selbst scheint plötzlich zum Greise geworden,
die Schönheit und Jugendkraft ist mit Freia von ihnen gewichen:
ohne seine Erfüllung durch die Idee sinkt der Wille in sich selbst
zusammen. Nur Loge bleibt unberührt von dem Verfall der
Götter. Er braucht Freias Äpfel nicht, er ist unabhängig von
der Idee, denn er ist ja selbst zugleich Idee und die Verneinung
derselben. Da entschliesst sich Wotan, den Riesen zu willfahren, den Ring aber für sich selbst zu gewinnen, und er fährt
mit Loge zu Nibelheim hinab: der absolute Wille muss sich in
die untersten Stufen der Objektivation verlieren, um von hier
aus zur Herrschaft über das Ganze wiederum emporzusteigen,
er muss erst konkreter Atomwille werden, um Wille des höchsten
Geistes sein zu können. —

Es ist ein dunkles, unwirtliches Reich, wo Alberich als
Herrscher über die Nibelungen schaltet. Zu dieser untersten
Stufe der Objektivation des Willens, dessen Potenzen, natur-
wissenschaftlich ausgedrückt, die Atome und Moleküle bilden,
ist das Licht des Geistes noch nicht hinabgedrungen. Nur Loges,
des Feuergottes Glut, der selbst noch ganz und gar naturalistisch
gedacht ist, leuchtet gespenstisch in den öden Klüften und heizt

den Nibelungen die Schmiede. Aber diese haben selbst keine Freude an ihrer Arbeit. Einst bewegte sich auch hier noch alles Leben in ideellem Spiele, es war, als ein blosses Moment, in der absoluten Idee enthalten:

> „Sorglose Schmiede, wonnig Geschmeid,
> schufen wir sonst wohl niedlichen Niblungentand;
> Schmuck unsern Weibern, wir lachten lustig der Müh'".

Das ist anders geworden, seit Alberich den Ring gewonnen, der Wille ins aktuelle Dasein übergegangen, der Egoismus in der Welt erwacht ist. Ins reale Sein hinabgerissen, prallen nun die Atome in heftiger Bewegung auf einander, und da sie in geistiger Beziehung auf so niedriger Stufe stehen, zur Freude aber ein gewisser höherer Grad des Bewusstseins gehört, so ist der Effekt ihres wechselseitigen Konflikts die reine Unlust. Vom Schmerzgeheul der Nibelungen hallen die Klüfte wieder:

> „Nun zwingt uns der Schlimme, in Schachten sich birgt,
> in Klüfte zu schlüpfen, da müssen wir spähen,
> für ihn allein spüren und graben,
> uns immer zu müh'n. die Beute schmelzen
> Durch des Ringes Gold und schmieden den Guss,
> errät seine Gier, ohne Ruh und Rast
> wo neuer Schimmer den Hort zu häufen dem Herrn".

Wollte man den „Ring des Nibelungen" unter dem Gesichtspunkte eines philosophischen Systems betrachten, so könnte man sagen, die dritte Scene des „Rheingold" enthalte Wagners Naturphilosophie. Wir befinden uns in einer Sphäre, wo der Geist noch gänzlich in den Fesseln der Natur gefangen liegt, oder wo beide noch völlig identisch sind und sonach die höhere Potenz des Geistes sich nur in dieser unmittelbaren Einheit mit der Natur, d. h. in der Form des Magischen, äussern kann. Darauf deutet auch Mimes Tarnhelm, den er für seinen Bruder Alberich verfertigt hat, ohne seinen Zauber zu erraten, darauf deuten vor allem die Zauberkünste Alberichs, wenn dieser sich in einen Riesenwurm und nachher in eine Kröte verwandelt, ohne sich der Gefahr bewusst zu werden, in die er sich damit hineinbegiebt. Alberich ist völlig blind in seiner Gier nach Besitz und so dumm in seiner prahlenden Anmassung infolge der Ringerwerbung, dass er den Göttern ganz offen seinen Plan enthüllt, sich mit den Schätzen aus dem Rheingold die Welt zu unterwerfen und

Walhall selbst in seinen Besitz zu bringen. Er merkt nicht, wie Loge sich über ihn lustig macht, und geht richtig in die Schlinge. Da ergreifen ihn die Götter und schleppen ihn als Gefangenen mit sich zur Oberwelt. —

Hier muss er nun seine Lösung mit der Hergabe des Nibelungenhortes erkaufen. Als aber Wotan zu diesem auch den Ring verlangt und ihm entgegenhält, wie er ja das Gold den Rheintöchtern gestohlen und somit auch kein Anrecht auf dasselbe habe, da kocht es in ihm über, und die Wut macht ihn hellsichtig. Es ist nur zu wahr, was er dem Gott erwidert, dass dieser ja am liebsten selbst das Gold genommen haben würde, hätte ihn nicht die daran geknüpfte Bedingung davon zurück-gehalten. Aller Wille ist Wille zum Leben und zur Macht; hiervon ist auch Wotan nicht ausgenommen. Aber nur der Wille des Anfangs, der Übergang aus der blossen Potenz des Willens zum Wollen, wie ihn Alberich repräsentiert, ist der Akt eines wirklich freien, d. h. ideenlosen, und damit eines reinen Willens. Wenn Alberich auch nach dem Raub des Goldes ein blosser egoistischer Wille ist, so ist das die Folge jenes ursprüng-lichen Willens, der noch keine allgemeineren, idealen Zwecke kannte; er hat gleichsam keine Veranlassung, etwas Anderes zu sein. Wenn dagegen Wotan, der absolute, ideenerfüllte Wille, den höheren Inhalt der Idee missachtet und bloss seiner eigenen Willensnatur nachgiebt, so versündigt er sich damit an der idealen Bestimmtheit seines Wesens. Daher Alberichs Drohung:

> „Hüte dich, doch an allem, was war,
> herrischer Gott! ist und wird,
> Frevelte ich, frevelst, Ewiger, du,
> so frevel' ich frei an mir: entreissest du frech mir den Ring!"

Umsonst; Wotans Sinn ist auf den Besitz des Ringes gerichtet: der Nibelunge muss auch diesen hergeben. Aber er thut es nicht, ohne den furchtbarsten Fluch über ihn auszusprechen:

> „Wie durch Fluch er mir geriet: seiner sich freu'n,
> verflucht sei dieser Ring! keinem Glücklichen lache
> Gab sein Gold sein lichter Glanz.
> mir Macht ohne Mass, Wer ihn besitzt,
> nun zeug' sein Zauber den sehre Sorge,
> Tod dem, der ihn trägt! und wer ihn nicht hat,
> Kein Froher soll nage der Neid!

Jeder giere	Dem Tode verfallen,
nach seinem Gut,	fasse den Feigen die Furcht;
doch keiner geniesse	solang' er lebt,
mit Nutzen sein.	sterb'. er lechzend dahin,
Ohne Wucher	des Ringes Herr
hüt' ihn sein Herr,	als des Ringes Knecht:
doch, den Würger zieh'	bis in meiner Hand
er ihm zu!	den geraubten wieder ich halte!"

Es ist die Eröffnung des Kampfes zwischen jenen beiden Ur-
gegensätzen, der zugleich mit der Schöpfung notwendig gesetzt
ist und den eigentlichen Inhalt des Weltgeschehens ausmacht,
des Kampfes zwischen den niederen Stufen der Natur oder den
materiellen Mächten auf der einen und der höheren Macht des
Geistes auf der andern Seite. Ewig strebt die Materie danach,
den Geist auf ihre Sphäre herabzuziehen, und ist der Geist bemüht,
seine Herrschaft über die Natur immer weiter auszubreiten. Aber
da die Materie das in sich Zersplitterte und Einzelne, der Geist
das Übergreifende und Allgemeine ist, so ist dieser Kampf der
beiden Seinsfaktoren im ethischen Sinne zugleich ein Kampf
des Egoismus mit dem Altruismus.

Kaum hat nun Alberich in jenem Fluche seiner Todfeind-
schaft gegen den neuen Besitzer des Ringes Ausdruck verliehen,
so kehren auch die Riesen mit Freia zurück und versammeln
sich die Götter, um die Entführte in Empfang zu nehmen. Das
Mass der Lösung wird in der Weise abgeschätzt, dass Freia
ganz von dem Horte verdeckt sein soll. Aber das Gold reicht
nicht aus, und um die letzte Spalte zu stopfen, bestehen die
Riesen auf den Empfang des Ringes. Hier scheitert indess ihr
Drängen an Wotans Widerstand, der den Ring für sich be-
halten möchte. Schon wollen ihm die Riesen den Vertrag auf-
kündigen und Freia wieder mit von dannen führen, als plötzlich
Erda aus der Tiefe emportaucht und durch ihr Erscheinen den
Dingen eine neue Wendung giebt.

In der germanischen Mythologie ist Erda die Göttin der
Erde selbst, die Urahne aller übrigen weiblichen Erdgottheiten und Mutter der Nornen, die tiefste Quelle, woraus
alle Kräfte und Säfte des Erdenlebens strömen. Aber diese
selbe Göttin ist auch schon in der germanischen Mythologie
die urweise Wala, die Prophetin am Weltbronnen unter der
Esche Yggdrasil, wo die Nornen das Schicksal des Daseins

spinnen. So erscheint denn Erda auch im „Rheingold" als die Urwissende:

> „Wie alles war, weiss ich;   seh' ich auch:
> wie alles wird,   der ew'gen Welt
> wie alles sein wird,   Ur-Wala" —

Und ebenso nennt Wotan sie in der grossen Erdascene zu Beginn des dritten Aktes im „Siegfried"

> „die Allwissende, Urweltweise"

und sagt von ihr:

> „Kundiger giebt es   Wo Wesen sind,
> keine als dich.   weht dein Atem,
> Bekannt ist dir   wo Hirne sinnen,
> was die Tiefe birgt,   haftet dein Sinn:
> was Berg und Thal,   alles, sagt man,
> Luft und Wasser durchwebt.   sei dir bekannt".

Danach wäre denn Erda das Wissen selbst, die absolute Idee schlechthin, wie sie in der Fülle ihrer inneren Momente das bestimmende Prinzip aller konkreten Existenzen bildet, denn alle diese sind ja, wie wir wissen, nichts Anderes als vom Willen realisierte Momente der absoluten Idee. Indessen wäre hiermit ihr Wesen doch noch nicht genau bestimmt. Schon im „Rheingold" heisst es:

> „Drei der Töchter,   was ich sehe,
> urerschaffen,   sagen dir nächtlich die Nornen".
> gebar mein Schoss:

Es ist also nicht Erdas Art, ihr Wissen selbst zu offenbaren, sondern sie weist dafür den Frager an die Nornen, und nur die höchste Gefahr, worin die Götter schweben, veranlasst sie, in diesem besonderen Falle ihr Schweigen zu brechen. Ein tiefer Schlaf nämlich hält, wie wir aus „Siegfried" erfahren, für gewöhnlich die Göttin umfangen, aber was sie in diesem Schlaf erschaut, das spiegelt sich im Bewusstsein der Nornen wieder:

> „Mein Schlaf ist Träumen,   wachen Nornen:
> mein Träumen Sinnen,   sie weben das Seil
> mein Sinnen Walten des Wissens.   und spinnen fromm,
> Doch wenn ich schlafe,   was ich weiss".

Erda ist sonach unmittelbar an der Entwickelung des Ideenkosmos nicht beteiligt, sie ist nur die verborgene Wurzel, woraus sich der Baum des idealen Seins entfaltet, das Wissen, das noch kein bestimmtes und bewusstes ist, weil es vielmehr selbst die

Quelle aller Bestimmtheit und Bewusstheit ist. So können wir
sie geradezu als das Wissen bezeichnen, wie es vor seiner Entfaltung zum Ideenkosmos, d. h. als blosses logisches Formalprinzip, als der unbewusste Mutterschoss aller konkreten
Ideen ist, deren Gesamtheit den idealen Inhalt des Wollens und
damit zugleich die Bestimmtheit des realen Daseins bildet. Erda
ist die noch unentfaltete, implizierte Idee im Gegensatze
zur explizierten absoluten Idee, das Gegenstück auf idealer Seite
zu dem, was auf der realen Seite der potentielle Wille darstellt,
sie ist der ewige Born, woraus der Wille schöpft, um die herausgehobenen Gestalten der Idee ins reale Sein zu übersetzen. Erda
ist, religionsphilosophisch ausgedrückt, das „noch verborgene
Wissen", das unausgesprochene gegenüber dem gesprochenen
Worte Gottes, der Logos oder „Sohn", nicht wie er in der
irdischen Erscheinung oder Fleisch gewordener Logos ist, sondern
wie er noch beim „Vater" ist. Sehr passend wird das ausgedrückt durch den Schlaf der Erda. Ihre Handlungen sind noch
keine Realitäten, sondern blosse Traumgebilde, aber im Traume
umspannt sie alle Möglichkeiten der Idee, die nur jemals zur
Wirklichkeit gelangen können. Darum will Wotan im „Siegfried" auch nichts von den Nornen wissen, sondern unmittelbar
von Erda selbst das Schicksal der Welt erfahren. Denn was
die Nornen ihm mitteilen können, sind bereits explizierte Gestalten
der Idee, an deren Existenz nichts mehr zu ändern ist, Erda
allein weiss auch, was noch nicht ans Licht geboren ist:

„Im Zwange der Welt	doch deiner Weisheit
weben die Nornen:	dankt' ich den Rat wohl,
sie können nichts wenden, noch wandeln;	wie zu hemmen ein rollendes Rad".

Was Wotan hier zur Erda treibt, ist die Sorge um das
Ende, das sie im „Rheingold" den Göttern in Aussicht stellt,
falls Wotan nicht vom Ring ablasse:

„Alles, was ist, endet.	dämmert den Göttern.
Ein düsterer Tag	Dir rat' ich: meide den Ring!"

Umsonst versucht Wotan, der Warnerin, die wieder in den Schoss
der Erde hinabtaucht, nachzueilen, um alles zu erfahren. Die
Götter halten ihn zurück. Da entschliesst er sich endlich, auch
den Ring fahren zu lassen. Und nun erfüllt sich sogleich an
den beiden Riesen der Fluch des Alberich. Im Streite um

den kostbaren Ring erschlägt Fafner seinen Bruder Fasolt — das erste Kainsopfer: vor unsern Augen thut sich eine Welt des Bösen und des Leidens auf, wie sie notwendig mit der Erhebung des Willens und seiner Besitzergreifung der Idee gesetzt ist. Während die Götter noch erschüttert stehen, sammelt Donner das „bleiche Gewölk" und fegt mit seinem Gewitterzauber den Druck von ihren Herzen. Wieder erscheint Walhall im lichten Glanz der Abendsonne. Ein Regenbogen spannt sich als Brücke über das Thal hinüber bis zur Burg. Wotan steht, in ihren Anblick versunken:

„Abendlich strahlt	Von Morgen bis Abend
der Sonne Auge;	in Müh' und Angst
in prächt'ger Glut	nicht wonnig ward sie gewonnen!
prangt glänzend die Burg:	Es naht die Nacht:
in des Morgens Scheine	vor ihrem Neid
mutig erschimmernd,	biete sie Bergung nun.
lag sie herrenlos	So — grüss' ich die Burg,
hehr verlockend vor mir.	sicher vor Bang und Grau'n".

In diesem Augenblick ertönt im Orchester zum ersten Male das Schwertmotiv. Mit seiner hellen Fanfare deutet es den Übergang vom Vorspiel in die eigentliche Trilogie des Ringes an: ein freudiger, heroischer Gedanke ist plötzlich in Wotans Bewusstsein aufgestiegen:

Wotan: „Folge mir, Frau!	Wotan: Was, mächtig der Furcht,
in Walhall wohne mit mir.	mein Mut mir erfand,
Fricka: Was deutet der Name?	wenn siegend es lebt —
Nie, dünkt mich, hört' ich ihn nennen.	leg' es den Sinn dir dar".

Mit diesen Worten schicken die Götter sich an, die Regenbogenbrücke zu beschreiten. Nur Loge zögert noch, sich ihnen anzuschliessen. Er weiss nur zu gut, wohin dies alles führen muss. Ihm ist klar, dass Wotan bei seiner Willensnatur so wenig auf den Besitz des Ringes verzichten kann, wie Alberich, und wie sich hieraus unendliche Konflikte ergeben müssen. Loge sieht die Fessel, worin sich Wotan verfangen hat: durch Vertrag hat er sich des Ringes entäussert, d. h. er hat sich unter das Gesetz der Idee begeben, aber er müsste eben nicht Wille sein, wenn er ganz auf seinen eigenen Willen verzichten wollte:

„Ihrem Ende eilen sie zu,	Zur leckenden Lohe
die so stark im Bestehen sich wähnen.	mich wieder zu wandeln,
Fast schäm' ich mich, mit ihnen zu schaffen.	spür' ich lockende Lust".

Der Ekel über das ganze Wirken und Ringen, das mit dem Einzug in Walhall, mit der Besitzergreifung der Welt durch den Willen verknüpft ist, überkommt den Gott. Der Verneinungswille reckt sich trotzig in ihm empor. Vielleicht könnte er selbst bei dem dereinstigen Untergang der Götter eine Rolle spielen:

> „Sie aufzuzehren,
> die einst mich gezähmt,
> statt mit den Blinden
>
> blöd zu vergehn' —
> und wären's göttlichste Götter —
> nicht dumm dünkte mich das".

Und nun werden wir auch wieder an die ursprüngliche Quelle der Verwickelung, an jene „Urschuld" erinnert, woraus alles Unheil geflossen ist und fernerhin fliessen wird. Die Rheintöchter klagen um den verlorenen Schatz der Tiefe:

> „Gebt uns das Gold,
> o, gebt uns das reine zurück!"

Wir gedenken wieder des Urzustandes, wo die Ideen noch in ungetrübter Klarheit, unberührt von der Umarmung durch den Willen, spielten. Mit der realen Welt, die nunmehr in die Erscheinung getreten ist, mit der Welt des ideebestimmten Wollens und der gewollten Idee ist die ursprüngliche Unschuld für immer verloren. Man begreift, dass Wotan die Klage der Rheintöchter mit Unmut vernimmt: er hätte ihnen den Ring zurückgeben sollen; statt dessen hat er damit den Besitz von Walhall bezahlt. Man versteht auch Loges Spott:

> „Ihr da, im Wasser!
> was weint ihr herauf?
> Hört, was Wotan euch wünscht:
> glänzt nicht mehr
>
> euch Mädchen das Gold,
> in der Götter neuem Glanze
> sonnt euch selig fortan!"

Da erschallt es ihm als Antwort herauf:

> „Rheingold! reines Gold!
> O leuchtete noch
> in der Tiefe dein lauterer Tand!
> Traulich und treu
>
> ist's nur in der Tiefe,
> falsch und feig
> ist, was dort oben sich freut!"

Wir ahnen: ein Ende des Unheils, eine Erlösung vom Fluche kann nur in der Rückkehr des Ringes zu den Rheintöchtern, in der Wiederherstellung des Urzustandes liegen, den der Wille in seiner täppischen Gier zerstört, indem er das ideale ins reale Sein hinausgesetzt hat. Hat aber der Wille durch sein Wollen, durch die Bejahung seiner Natur den ursprünglichen seligen

Zustand aufgehoben und beruht die reale Existenz auf dem Wollen, auf der Aktualität des Willens, dann kann die Erlösung nur im Nichtmehrwollen, in der gänzlichen Verneinung des Willens liegen, und das Weltdrama des Willens kann nichts Anderes zum Inhalt haben als eben die Erlösung des Willens vom Wollen.

IV.

Die Walküre.

Seit Erda der Sorge Stachel in Wotans Herz gestossen, hat dieser seine Ruhe eingebüsst. Um mehr zu hören, hat sich der Gott in den Schoss der Welt hinabbegeben und die Wala durch Liebeszauber gezwungen, ihm Rede zu stehen. Da vernahm er, dass den Göttern durch Alberichs Scharen der Untergang drohe. Sollte es den Nibelungen je gelingen, den Ring zurückzuerobern, so wäre Walhall verloren. Sollte je der lieblose, selbstsüchtige Wille die Oberhand erhalten und der Egoismus über Wotans Kraft, womit er die Welt in Liebe zusammenhält, triumphieren, so müsste das Reich des absoluten Willens auseinanderbröckeln und das Chaos an die Stelle des geistdurchwohnten Kosmos treten.

Ein herrliches Liebespfand hat Wotan von der Wala erhalten: Erda gebar ihm Brünnhilde, die Walküre. Mit acht Schwestern zog er sie in der Hoffnung auf, durch sie das Ende der Ewigen abwenden zu können. Als Schlachtenjungfrauen sendet er sie aus, um die gefallenen Helden in Walhalls Saal zu tragen. Das war es, was „mächtig der Furcht, sein Mut ihm erfand", als er mit den Göttern die Regenbogenbrücke betrat, was das heroische Schwertmotiv zunächst zu einem bloss gefühlsmässigen Ausdruck brachte, das war es, worauf sich der Name der Götterburg gründete: unter dem Beistande jener Helden hofft Wotan dem Sturm begegnen und Walhall vor dem Untergange bewahren zu können.

Wie aber, wenn auch sie den Schlingen Alberichs zum Opfer fielen, wenn der Egoismus in Walhall selbst Eingang fände? Als Herr des Ringes, würde ihm Alberich der Helden

Mut entwenden, die Kühnen zum Kampfe gegen die Götter reizen, Wotan mit seiner eigenen Macht bekriegen. Daher kommt für diesen alles darauf an, sich selbst in den Besitz des Ringes zu setzen. Allein eben dazu ist Wotan ausser Stande. Er hat den Ring vertragsmässig für Walhall hingegeben und muss nun ruhig zusehen, wie Fafner ihn mitsamt dem Horte als Lindwurm in seiner Höhle bewacht. Würde er die Hand nach dem Ring ausstrecken, so würde er seinen Vertrag verletzen. Damit würde er sich aber nur sein eigenes Urteil sprechen. Denn der Vertrag ist das Symbol für die gesetzmässige Beschaffenheit der Idee. Nur durch die Idee aber ist Wotan, wie gesagt, der aktuelle Wille. Dieser kann gar nicht wollen, ohne etwas, d. h. den Inhalt der Idee, zu wollen; die Idee aber ist als solche eine durch und durch logisch bestimmte, von logischen Gesetzen durchwaltete. Das ist die Schlinge, worin der Gott sich selbst verfangen hat: er, der Verträge Herr, sofern ja die Idee nur durch den aktuellen Willen lebendig ist, ist zu ihrem Knecht geworden, indem er an den Inhalt der Idee gebunden ist. Er, der die Welt beherrschen will, kann dies nicht, ohne seine eigene Freiheit aufzugeben.

Aus dieser Verzweiflung giebt es nur einen Ausweg:

„Not thut ein Held,   zu wirken die That,
der, ledig göttlichen Schutzes,   die, wie not sie den Göttern,
sich löse vom Göttergesetz: dem Gott doch zu wirken verwehrt".
so nur taugt er,

Was Wotan selbst nicht darf, muss ein Anderer für ihn ausführen:

„— ein Held, dem helfend   aus eigner Not
nie ich mich neigte,   mit der eignen Wehr
der, fremd dem Gotte,   schüfe die That,
frei seiner Gunst,   die ich scheuen muss,
unbewusst,   die nie mein Rat ihm riet,
ohne Geheiss,   wünscht sie auch einzig mein Wunsch".

Aus dem freien, d. h. ideenlosen Willen, aus dem „Urzufall", ist die Vereinigung des Willens mit der Idee und damit die Knechtschaft des ersteren hervorgegangen. Soll diese aufhören, so bedarf es wiederum eines ebenso freien Willens, der nicht durch den Inhalt der absoluten Idee bestimmt wird. Wie aber kann es einen solchen Willen geben, wenn eben auf diesem seinem Bestimmtwerden durch die Idee die

Aktualität des Willens beruht? Alles Wollen ist nur eine Funktion oder Objektivation des absoluten Willens; als solche aber hat es auch die Idee zum Gegenstande und ist selbst den Gesetzen seines idealen Inhalts unterworfen. Daher Wotans Frage:

> „Wie fänd' ich ihn,   der in eigenem Trotze
> den freundlichen Feind,   der Trauteste mir?
> der, entgegen dem Gott,   Wie macht' ich den Andern,
> für mich föchte?   der nicht mehr ich,
> Wie schüf ich den Freien,   und aus sich wirkte,
> den nie ich schirmte,   was ich nur will?"

Hier liegt das eigentliche Problem des Nibelungenringes, und die ganze Trilogie wird nicht begriffen, wenn dieser Punkt nicht richtig erfasst wird. Man mag daraus ermessen, was es heissen will, wenn die wichtige Scene zwischen Wotan und Brünnhilde im zweiten Akte der „Walküre", worin gerade dieser Kern der Dichtung blossgelegt wird, auf dem Theater gewöhnlich auf ein Drittel zusammengestrichen erscheint. Freilich ist diese Scene bei ihrer Länge dramatisch so unzulänglich und widerspricht sie so sehr den bühnentechnischen Gesetzen, die Wagner sich selbst für sein Werk gegeben hat, dass man deswegen die Kürzung wohl begreifen kann. Aber dann darf man sich auch nicht, wie es so häufig geschieht, über die Unverständlichkeit des „Ringes" beklagen. —

Jenen Helden nun, der ihn aus der Schlinge des Vertrags befreien soll, glaubt Wotan in Siegmund gefunden zu haben. Als Wälse hat er ihn zusammen mit einer Zwillingsschwester mit einem menschlichen Weibe gezeugt und in einem unsteten Leben voll Mühen und Entbehrungen den Jüngling auf seine Bestimmung vorbereitet:

> „Wild durchschweift' ich   gegen der Götter Rat
> mit ihm die Wälder;   reizte kühn ich ihn auf".

Soll doch die Befreiungsthat Siegmunds eben darin bestehen, dass der Wille in ihm die Fesseln der Idee abschüttelt. Kein Wunder, wenn das Heldenpaar Wälse und Siegmund alle Welt gegen sich empört; denn wer sich erlaubt, an dem Herkommen, der zum Gesetz gleichsam versteinerten Idee zu rütteln, der hat immer die „Gutgesinnten" gegen sich. Darauf zielen Hundings Worte:

> „Ich weiss ein wildes Geschlecht,   was Andern hehr;
> nicht heilig ist ihm,   verhasst ist es allen und mir".

So stellt sich Siegmunds Leben als der Kampf des Einzelnen gegen die Gesellschaft, als die Bethätigung des kraftvollsten Individualismus dar, der im Bewusstsein seiner höheren Bestimmung sich über Sitte und Gesetz hinwegsetzt.

Da findet er bei seiner Heimkehr sein Haus zu Schutt verbrannt, seine Mutter erschlagen, die Schwester durch räuberischen Überfall hinweggeführt. Während der Verfolgung seiner Feinde wird er vom Vater versprengt — seine Lehrzeit ist zu Ende: er ist ganz auf sich selbst angewiesen. Die Sehnsucht erfasst ihn, seiner unnatürlichen Einsamkeit ein Ende zu machen:

> „Aus dem Wald trieb es mich fort,
> mich drängt' es zu Männern und Frauen".

Aber das Schicksal, wozu ihn Wälse-Wotan ausersehen hat, wirkt auch hier bestimmend:

> „Wieviel ich traf, andere gaben ihm Gunst.
> wo ich sie fand, In Fehde fiel ich,
> ob ich um Freund, wo ich mich fand;
> um Frauen warb, — Zorn traf mich,
> immer doch war ich geächtet, wohin ich zog;
> Unheil lag auf mir. gehrt' ich nach Wonne,
> Was rechtes je ich riet, weckt' ich nur Weh:
> andern dünkt' es arg; drum musst' ich Wehwalt mich nennen;
> was schlimm immer mir schien, des Wehes waltet' ich nur".

So gelangt er auf der Flucht vor den Feinden wundenmatt und waffenlos in Hundings Hütte. Als dieser seine Hochzeit mit Sieglinde feierte, die Schächer ihm gegen ihren Willen zur Frau geschenkt hatten, da mischte sich während des Gelages ein fremder Greis unter die Gäste, und indem er ein Schwert in den Stamm der Esche stiess, die das Dach von Hundings Halle trägt, verhiess er es demjenigen als Preis, der imstande sei, die Waffe aus dem Stamm herauszuziehen. Umsonst haben bisher alle am Stahl gezogen. Nun richtet sich Sieglindes Sehnsucht auf Siegmund, und sie entdeckt ihm in höchster Not, während draussen der Lenz in den Saal hereinlacht, das Geheimnis der Esche. Und wie alsdann der Zauber der Frühlingsnacht das Eis von ihren Herzen thaut, wie sie sich instinktiv zu einander hingezogen fühlen, wie beide sich als Bruder und Schwester erkennen, da zieht Siegmund, der Held, das Schwert aus dem Stamm der Esche, und die Flammen der Liebesglut schlagen über den beiden Wotanskindern zusammen. Dieses bräutliche Umfangen der eigenen Schwester, dieser völlige Bruch Siegmunds mit der bisherigen Sitte ist die höchste That des ungebändigt sich auswirkenden Willens; sie bezeichnet den Moment, wo die Kraft über das Gesetz, der Wille über die Idee triumphiert. Indem er sie unter seine Füsse tritt, scheint er sie zu negieren. Aber eben diese Negation ist zugleich der Untergang des Willens. —

Als Wotan den Bund der Geschwister zuliess, hat er Fricka, seine Gemahlin, dabei ausser Acht gelassen. Wir kennen die letztere bereits aus dem „Rheingold" als diejenige Göttin, die den Bau der Götterburg wünschte, um Wotan, den Ungestümen und Ruhelosen, durch das sanfte Band der Häuslichkeit an sich zu fesseln. In Übereinstimmung hiermit charakterisiert sich diese in einer früheren Fassung ihrer Scene in der „Walküre" selbst folgendermassen:

„Wo nach Ruhe   dort steh' ich lauschend still.
der Rauhe sich sehnt,   Der zerrissenen Sitte
wo des Wechsels   lenkendes Seil
sehrender Wut   bind' ich neu zum Band".
wehre sanft ein Besitz:

So erscheint sie denn als die Hüterin der Ehe, als „Vertreterin der Sitte, Konvenienz, dessen, was sich gebildet hat und als solches nun Achtung und Berücksichtigung fordert". Sie ist, wie Hausegger sie charakterisiert, „die Behüterin des historischen Rechtes, des starren Gesetzes, welches als Autorität und Gewohnheit regiert, jenes Rechtes, von dem Goethe sagt: Vernunft wird Unsinn, Wohlthat Plage! Sie hütet Gesetz und Verträge, auch wenn es den Verhältnissen und Bedürfnissen nicht mehr entspricht".[1]) Sie hütet sie, können wir ergänzend hinzufügen, selbst dann, wenn sie anfangs, bevor dieselben Gesetz und Sitte geworden waren, sich gegen sie erklärt hatte. Darum hält Wotan ihr entgegen:

„Nichts lerntest du,   Stets Gewohntes
wollt' ich dich lehren,   nur magst du versteh'n.
was nie du erkennen kannst,   Doch was nie sich fügte,
eh' nicht ertagte die That.   danach trachtet mein Sinn!"

Hier kommt der Gegensatz zwischen Wotan und Fricka deutlich zum Ausdruck. Fricka verlangt strenge Bestrafung des

---

[1]) a. Hausegger: a. a. O. 17.

Paares, das „der Ehe heiligen Eid" gebrochen, sich mit Blut-
schande befleckt, alle Bande des Herkommens und der Sitte
zerrissen habe. Wotan jedoch vermag darin nichts Schlimmes
zu finden, wenn diejenigen, die der Lenz vereinigt hat, dem ungestümen Drange der Natur nachgegeben und über ihrer Liebe
das Gesetz vergessen haben: .

„Unheilig acht' ich den Eid, dass mit Zwang ich halte,
der Unliebende eint; was dir nicht haftet:
und mir wahrlich denn wo kühn Kräfte sich regen,
mute nicht zu, da rat' ich offen zum Krieg."

Ist es doch Wotans Art, die Gesetze immer nur so lange ein-
zuhalten, als es den Zielen seines Willens entspricht. Aber allerdings vermag er auch nur durch Gesetze, durch die Macht der
Autorität, Gewohnheit, Sitte die widerstrebenden Potenzen, woraus
das reale Sein besteht, in Schach zu halten und seine Herrschaft
über die Welt zu behaupten. Da muss er natürlich beständig
mit Fricka zusammengeraten und sich ihrem Gebote beugen,
und man versteht seine Klage:

„Der alte Sturm!
Die alte Müh'!
Doch Stand muss ich ihr halten".

Auch diesmal kann sich Wotan den Satzungen Frickas nicht
entziehen. Er hatte gehofft, sich in Siegmund den erwünschten
„freien" Helden geschaffen zu haben. Aber ist nicht dieser, sein
Sohn, nur ein Teil von Wotans Wesen, nur eine endliche Erscheinung des absoluten Willens? Wirkt nicht in ihm der absolute Wille, und kann er folglich etwas wollen, was nicht zugleich vom Absoluten selbst gewollt wird?

„Was Hehres sollten „das ihren Göttern verwehrt,
Helden je wirken", (ruft daher Fricka aus) deren Gunst in ihnen nur wirkt?"

Etwa ihr eigener Mut, wie Wotan meint?

„Wer hauchte Menschen ihn ein? wie das neidliche Schwert.
Wer hellte den Blöden den Blick? Für ihn stiessest du
In deinem Schutz das Schwert in den Stamm.
scheinen sie stark, Du verhiessest ihm
durch deinen Stachel die hehre Wehr:
streben sie auf: willst du es leugnen,
du — reizest sie einzig! dass nur deine List
Du schufst ihm die Not, ihn lockte, wo er es fänd'?"

Wo also ist die gehoffte Freiheit des Helden? Wieder sieht sich Wotan in der Schlinge der Idee gefangen, aus der er nun einmal nicht heraus kann:

„O göttliche Schmach!   Das Andre, das ich ersehne,
O schmähliche Not!   das Andre erseh' ich nie;
Znm Ekel find' ich   denn selbst muss der Freie sich
ewig nur mich   schaffen —
in allem, was ich erwirke! Knechte erknet' ich mir nur!"

In dieser Stimmung giebt er Fricka nach und überlässt ihr den Wälsung, dem er bereits den Sieg im Kampf mit Hunding zugesprochen hatte. So erscheint denn in der That Wotan selbst als „der Unfreieste Aller", er, welcher, als der absolute, mit der absoluten Idee zur absoluten Einheit verbundene Wille, zugleich der Mächtigste von Allen ist. Alberich, der auf sich selbst gestellte, egoistische Sonderwille konnte, obschon er der Liebe fluchte, einen Sohn erzeugen, der seinen Willen ausführt, ohne dass er mit ihm unmittelbar identisch wäre. Wotan dagegen, der absolute Wille, ist hierzu ausser Stande, weil alle Willensfunktionen doch nur immer Funktionen seines Willens sind:

„Das Wunder gelang   den Freien erlang' ich mir nie. —
dem Liebelosen;   Was frommte mir mein eigner Wille?
doch der in Liebe ich freite, Einen Freien kann ich nicht wollen."

Da begreift er, dass es für ihn keine Möglichkeit giebt, von der Idee loszukommen, als indem er überhaupt das Wollen aufgiebt, denn nur als gewollte ist die Idee eine lebendige, wirkungskräftige Idee. Verzweifelnd erteilt er dem Sohn des Nibelungen, den Mächten der Selbstsucht und Zerstörung, seinen Segen, die den absoluten Willen zersplittern („zernagen") und dadurch die Kraft des Willens brechen werden, und weiht sich selbst dem Untergange:

„Fahre denn hin,   was ich gebaut!
herrische Pracht,   Auf geb' ich mein Werk,
göttlichen Prunkes   Eines nur will ich noch,
prahlende Schmach!   das Ende — das Ende!"
Zusammenbreche,

So trifft ihn Brünnhilde, die er ausgesandt hatte, um den Wälsung zum Sieg zu führen. Brünnhilde ist, wie erwähnt, die Tochter Wotans und Erdas; daraus wird klar, welche Bedeutung ihr bei Wagner zukommt. Auch sie ist ja hiernach,

ebenso wie Fricka, offenbar ein Moment der aktuellen absoluten
Idee, denn nur erst durch das Hinabtauchen des Willens in den
Schoss des schlummernden, potentiellen Wissens, nur erst indem
sich der Wille mit dem logischen Formalprinzip, indem sich
Wotan mit Erda vereinigt, wird die Idee lebendig und gleichsam an das Licht geboren. Aber wenn Brünnhilde mit den
acht Schwestern auszieht, um Helden zu wecken, neue Thaten
zu wirken, wenn sie die Männer zu Sturm und Streit anstachelt
und sie reizt, sich gegen das Althergebrachte aufzulehnen, unter
dessen Zwang die Kräfte erschlaffen und der Wille einschlummert,
dann besteht ein tiefer Gegensatz zwischen ihr und Fricka, und
wir verstehen, warum sich beide Frauen als Rivalinnen betrachten.
Die stürmisch vorwärts drängende Brünnhilde nämlich repräsentiert die Idee, vom Standpunkte ihrer eigenen inneren Entwickelung aus betrachtet, die Idee, sofern sie Prozess ist,
wohingegen Fricka, wie gesagt, die starr gewordene, als Gesetz,
Sitte, Herkommen fixierte Idee veranschaulicht. Sofern die Idee
ihre Momente nicht aus sich entfalten, zu keinem neuen Inhalt
fortschreiten kann, ohne dass sich derselbe auf den bereits ent-
falteten, bestehenden und gewordenen Inhalt stützt, insofern ist
Brünnhilde mitsamt den Walküren, die ebenfalls nur auf verschiedene Momente des idealen Prozesses hindeuten, der Fricka
unterworfen. Sofern jedoch durch die Entwickelung der Idee
die alten Formen und Gesetze beständig aufgelöst und in neue
höhere Formen übergeführt werden, insofern also die Idee in
unaufhörlichem Fluss begriffen ist, insofern muss sich Fricka
der Brünnhilde beugen und wird gleichsam von dieser ins
Schlepptau genommen. Brünnhilde veranschaulicht sonach
nicht bloss ein einzelnes Moment der aktuellen Idee, sondern
zugleich diese selbst, sofern sie den jeweiligen Inhalt des
absoluten Willens bildet, oder die Idee in absoluter Einheit
mit dem Willen. Darum wird sie auch wohl selbst Wotans
Wille genannt, so wenn Brünnhilde gegenüber dem Göttervater
bemerkt:

„Zu Wotans Willen sprichst du,   Wer — bin ich,
sagst du mir, was du willst.   wär' ich dein Wille nicht?" —

worauf dieser antwortet:

„Mit mir nur rat' ich,
red' ich zu dir".

Und als sie sich dann weigert, sein Gebot zu vollführen und Siegmund im Kampf zu fällen, da fährt Wotan sie an:

„Ha, Freche, du, als meines Willens
frevelst du mir? blind wählende Kür?"
Was bist du,

Damit stimmt es auch zusammen, wie Wotan sie später charakterisiert:

„Keine, wie sie, wusste den Quell meines Willens;
kannte mein innerstes Sinnen! sie selbst war
Keine, wie sie, meines Wunsches schaffender Schoss".

Aber die Idee ist doch eben nur aktuell, sofern sie von Wotan gewollt wird, sofern der Wille des Gottes in ihr lebendig ist; ohne diesen hingegen oder an sich ist sie nur ein kaltes, leidenschaftsloses Schauen ohne Aktivität und Wirksamkeit:

„Hörst du's, Brünnhilde, Wonne und Huld,
du, der ich Brünne, Namen und Leben verlieh?"
Helm und Wehr,

Brünnhilde und Wotan gehören so eng zusammen, sind so sehr gleichsam nur die beiden Seiten eines und desselben Ganzen, indem sie sich wie Inhalt und Form zu einander verhalten, dass es unmöglich scheint, sie von einander loszureissen. Wenn nun trotzdem die ganze Handlung der „Walküre" darin gipfelt, dass Wotan sich von Brünnhilde trennt, wie soll man sich diesen Vorgang verständlich machen?

Die Idee, als Inhalt des absoluten Willens, ist nicht an die Form des Bewusstseins gebunden. Diese letztere ist nur da vorhanden, wo das Denken sich zwischen den beiden entgegengesetzten Polen von Subjekt und Objekt, Ich und Nichtich bewegt, setzt folglich die Existenz eines Nichtich und damit Beschränkung des Ich durch das Nichtich voraus. Das absolute Denken jedoch ist dies nur, sofern es über alle Beschränkung und Bedingtheit erhaben und folglich auch über dem Gegensatze von Subjekt und Objekt ist. Die absolute Idee ist eine unbewusste, nicht als unterbewusste, sondern als überbewusste Idee. Soll dieselbe zur bewussten werden, so bedarf es dazu eines realen Gegensatzes gegen den absoluten Willen, dessen ideelle Abspiegelung alsdann das Objekt im Bewusstsein ist. Nun denkt sich die Willensphilosophie die Entstehung des Bewusstseins so, dass Willensfunktionen mit verschiedenen (unbewussten) Inhalten sich gegenseitig kreuzen und dass aus dem Konflikt derselben, aus dem Widerstande, den jede von ihnen an der andern findet, auf beiden Seiten das Bewusstsein hervorgeht. Dies Bewusstsein hat zum Inhalt die ursprüngliche (unbewusste) Vorstellung, aber gefärbt und modifiziert durch den Inhalt des entgegenstrebenden Willens. So erscheint der Bewusstseinsinhalt als ein Kompromiss zwischen den beiderseitigen unbewussten Vorstellungen, indem er sich zugleich von ihnen durch die Form der Vorstellung unterscheidet. Diese bewusste Vorstellung ist aber auch kein unmittelbarer Inhalt des Willens mehr. Sie ist von den beiderseitigen Willensfunktionen nicht gewollt, sondern ihnen nur gleichsam von aussen aufgezwungen. Sie kann daher zwar hinterher wieder Inhalt des Willens werden, unmittelbar jedoch steht sie als etwas Neues und Eigenartiges neben dem Willen. An die Stelle der ursprünglichen Einheit ist mithin Zweiheit, an die Stelle der vorherigen Gemeinschaft Trennung getreten. Der Wille hat die Vorstellung gleichsam von sich abgestossen und steht ihr als ein Fremdes gegenüber.

Vergleicht man hiermit die Handlung der „Walküre", so ist eine anschaulichere und zugleich poetischere Einkleidung dieses metaphysischen Vorganges nicht denkbar. Als Brünnhilde todkündigend vor Siegmund erscheint, ist sie noch ganz die unbewusste absolute Idee, die in ihrem Inhalt Vergangenheit, Gegenwart und Zukunft umspannt, und deren sich daher Siegmund auch nur in der Form der Ahnung bewusst wird. Als solche aber weiss sie auch nichts von den Leiden und Freuden der irdischen Existenz, denn diese sind ja nur erst in der Sphäre des Bewusstseins möglich. Sie vermag es nicht zu fassen, wie man „ewige Wonne" des armen Weibes wegen verschmähen kann, das müd' und harmvoll dem Helden auf dem Schosse hängt, denn die Liebe ist ihr fremd, so dass Siegmund ihre Verwunderung als Hohn empfindet und ihr entgegnet:

„So jung und schön	Kannst du nur höhnen,
erschimmerst du mir:	so hebe dich fort,
doch wie kalt und hart	du arge, fühllose Maid!"
kennt dich mein Herz! —	

Als sie dann aber des Helden Not gewahrt, als sie sieht, wie er im höchsten Jammer das Schwert gegen die eigene Schwester zückt, um im Tode nicht von der Geliebten getrennt zu werden, sie, die weiss, dass Sieglinde ein teures Liebespfand von Siegmund in ihrem Schosse birgt, da überwältigt sie selbst zum ersten Mal der Schmerz, sie fühlt aber auch zugleich die Wonne der Liebe am eigenen Herzen, nimmt den Willen des Fremden in ihr Wesen auf und beschliesst, ihn gegen Walvaters Gebot zum Sieg zu führen.

Der Kompromiss mit dem fremden Inhalt ist geschlossen. Indes vermag Brünnhilde nicht zu hindern, dass Wotan ihre Absicht durchkreuzt und Siegmund im Kampfe untergehen lässt. Dieser Ungehorsam der Walküre darf nicht ungeahndet bleiben. Man hat aus rein dichterischen Gründen vielleicht nicht mit Unrecht den polternden Zorn des Göttervaters und die Art getadelt, wie Wotan nach vollbrachter That gegen seine liebste Tochter wütet. Aus dem Gesichtspunkte des idealen Gehaltes der Dichtung betrachtet, muss Wotan sich von Brünnhilde abkehren, denn die Aufnahme eines fremden Inhalts in den ursprünglichen Willen hat notwendig die Scheidung zwischen Wille und Idee zur Folge: die Vorstellung hat sich gegen den Willen gekehrt; damit ist sie zu einer selbständigen Potenz neben ihm geworden:

„Durch meinen Willen	Helden — Reizerin
warst du allein:	warst du mir:
gegen ihn doch hast du gewollt;	gegen mich doch reiztest du Helden. —
meinen Befehl nur	Wunschmaid bist du nicht mehr;
führtest du aus:	Walküre bist du gewesen. —
gegen ihn doch hast du befohlen:	Von göttlicher Schar
Wunsch — Maid	bist du geschieden,
warst du mir:	ausgestossen
gegen mich doch hast du gewünscht;	aus der Ewigen Stamm;
Loos — Kieserin	gebrochen ist unser Bund;
warst du mir:	aus meinem Angesicht bist du
gegen mich doch kiestest du Loose;	verbannt!"

Ein furchtbares Strafgericht ergeht über die Verworfene. Hinfort soll sie nicht mehr mit den Schwestern auf Wolkenrossen durch die Lüfte reiten — das konnte sie eben nur als die freie absolute Idee. Die bewusste Idee dagegen ist an die irdische Scholle, an die materielle Vermittelung gebunden: vom absoluten Willen losgelöst, ist sie nicht mehr eine aktive, selbständig ihren Inhalt bestimmende, sondern zu ohnmächtiger Passivität verdammt, dem fremden Willen wehrlos anheimgegeben, der sie in seine Dienste zwingt:

„Die magdliche Blume	dem herrischen Manne
verblüht der Maid;	gehorcht sie fortan,
ein Gatte gewinnt	am Herde sitzt sie und spinnt,
ihre weibliche Gunst:	aller Spottenden Ziel und Spiel".

Aber das kann ja unmöglich Wotans Wille sein. Mag Brünnhilde immerhin gefehlt haben, es geschah doch nur in seinem Interesse. Sie, deren Wissen unmittelbar von Erda, der Quelle alles Wissens, stammt, sie wusste besser als Fricka, die reflektierte Gesetzmässigkeit, wohin eigentlich Wotans Absicht zielte. Intuitiv erkannte sie die Not des Göttervaters:

„Nicht weise bin ich,	das Andre (nämlich Frickas Gesetz) musstest
doch wusst' ich das Eine —	einzig du sehn,
dass den Wälsung du liebtest.	was zu schauen so herb
Ich wusste den Zwiespalt,	schmerzte dein Herz —
der dich zwang,	dass Schutz du Siegmund versagtest".
dies Eine ganz zu vergessen,	

Brünnhilde war ungehorsam aus Mitgefühl für Siegmund, aber dieser ist ja selbst nur eine Objektivation von Wotans Willen. Indem sie ihm zu Willen war, vollführte sie also nur Wotans Willen; aber freilich, indem sie dessen höheres Ziel verwirklichte, hob sie den bestehenden Zustand auf und brachte dadurch Wotan in Konflikt mit Fricka, deren Gebot sich jener ebenfalls nicht entziehen kann. Man versteht so die „grässliche Not" des Göttervaters, der gegen sein eigenes Fleisch wüten muss. Dieser Not gegenüber erscheint ihm der ideale Konflikt der Brünnhilde, woraus ihr Ungehorsam gegen seinen Willen entsprang, nur als ein leichtsinniges Spiel mit den Gegensätzen:

„So leicht wähntest du	schäumend ich aufschoss,
Wonne der Liebe erworben,	wütender Sehnsucht
wo brennend Weh'	sengender Wunsch
in das Herz mir brach,	den schrecklichen Willen mir schuf,
wo grässliche Not	in den Trümmern der eignen Welt
den Grimm mir schuf,	meine ewige Trauer zu enden: —
einer Welt zu Liebe	da labte süss
der Liebe Quell	dich selige Lust;
im gequälten Herzen zu hemmen?	wonniger Rührung,
Wo gegen mich selbst	üppigen Rausch
ich sehrend mich wandte,	entranktst du lachend
aus Ohnmacht und Schmerzen	der Liebe Trank —

als mir göttlicher Not
nagende Galle gemischt?
Deinen leichten Sinn
lass dich denn leiten:
du sagtest von mir dich los,

du folgtest selig
der Liebe Macht:
folge nun dem,
den du lieben musst!"

Aus Not und Schmerz des Willens wird das Bewusstsein geboren, und damit wird die vorher kalte und leidenschaftslose Idee zugleich empfindungsfähig. In ihrer Loslösung von der Einheit mit dem absoluten Willen verspürte deshalb Brünnhilde zum ersten Male an sich selbst das Gefühl der Liebe. Allein so von Gott verlassen, so niedrig ist das Bewusstsein doch nicht, dass Wotan sie darum gänzlich in den Staub treten müsste. Darum erwidert sie ihm:

„Musst du spalten,
was einst sich umspannt,
die eigne Hälfte
fern von dir halten —
dein ewig Teil

nicht wirst du entehren,
Schande nicht wollen,
die dich beschimpft;
dich selbst liessest du sinken,
säh'st du dem Spott mich zum Spiel!"

Als bewusste, auf sich selbst gestellte Idee ist Brünnhilde zwar aller Hoheit und Macht beraubt, die sie, als unbewusste, in der Einheit mit dem absoluten Willen hatte, aber sie bleibt doch immer Idee, bleibt doch Wotans Tochter und hat dadurch ein Anrecht auf ein besseres Los. Mag daher Wotan die Wehrlose immerhin auf den Felsen bannen, mag er sie in Schlaf versenken: nicht dem ersten Besten darf er sie preisgeben, der sie weckt, sondern nur dem „furchtlos freiesten Helden", den Wotan selbst ersehnt, und den Brünnhilde vorahnend in Siegmunds und Sieglindes Spross heranwachsen sieht. Vergeblich sucht Wotan sich ihrer Bitte zu entziehen. Er, der mit ihrem Wissen sonst Eins war, will nichts mehr von einer Gemeinschaft mit ihr wissen:

„Nicht wissen darf ich
was sie sich wünscht".

Das ist die Folge des Bruches zwischen Wotan und Brünnhilde. Aber während sonst Wotan, als der aktuelle Wille, die unbewusste Idee zur Entfaltung ihres Inhalts veranlasste, wirkt jetzt die bewusste Idee ihrerseits rückwärts auf den Willen und veranlasst ihn, ihrem Wunsche nachzugeben:

„Leb wohl, du kühnes
herrliches Kind!
Du meines Herzens

heiliger Stolz,
leb wohl! leb wohl! leb wohl!
Muss ich dich meiden,

und darf minnig
mein Gruss nimmer dich grüssen,
sollst du nicht mehr
neben mir reiten,
noch Met beim Mahl mir reichen;
muss ich verlieren
dich, die ich liebte,
du lachende Lust meines Auges: —
ein bräutliches Feuer
soll dir nun brennen,

wie nie einer Braut es gebrannt!
Flammende Glut
umglühe den Fels;
mit zehrendem Schrecken
scheuch' es den Zagen,
der Feige fliehe
Brünnhildes Fels:
denn Einer nur freie die Braut,
der freier als ich, der Gott!"

Und Wotan küsst die Gottheit von Brünnhilde und bettet die Schlummernde sanft unter der breitästigen Tanne auf dem Walkürenfelsen. Und wieder schläft die Idee, wie Erda, bevor sich Wotan zu ihr hinabschwang und sich in Liebe mit ihr vereinigte, woraus die Unseligkeit des Willens hervorging. Aber diese Idee ist hier nicht das potentielle logische Formalprinzip, das den ganzen inhaltlichen Reichtum des unbewussten aktuellen Wissens noch vor sich hat, sondern sie hat dies Wissen hinter sich, es ist gleichsam implicite in ihr enthalten, und daher wird sie imstande sein, dasjenige später im wachen Zustande und bewusst zu reproduzieren, was sie im unbewussten Zustand empfangen hat. Und der zu ihr empordringen und sie wecken wird, ist nicht der absolute Wille (Wotan), sondern es wird ein bloss endlicher, menschlicher Wille sein. Er wird sich mit ihr vereinigen, wie Wotan mit Erda, und diese neue Einheit des Willens und der Idee wird keine unauflösliche sein, die den Willen zu ewiger Qual verdammt, sondern sie wird nur eine relative sein und jenem dadurch vielleicht die Freiheit verschaffen, die Wotan selbst in seiner absoluten Einheit mit der Idee nicht gewinnen kann. Und Wotan beschwört Loge und befiehlt ihm, mit seiner Glut den Fels zu umlodern. Soll darin vielleicht eine Hindeutung auf den Umstand liegen, dass die Götter den Schweiss vor die höchste und schwierigste Arbeit des Menschengeschlechtes, die willkürliche Erweckung des bewussten Wissens gesetzt haben? Oder hat es noch einen tieferen Sinn, dass der Verneinungswille an der Grenze des Bewusstseins lauert?

V.
Siegfried.

Dem Strafgerichte Frickas ist Siegmund zum Opfer gefallen und hat damit sein tragisches Geschick besiegelt. Das
Tragische beruht ja seinem Wesen nach in dem sich Aufbäumen
des Willens gegen die starre Norm der Idee, die in ihrer Starrheit
unfähig geworden ist, seine Ziele zu verstehen, und im Untergehen
des Helden im Kampf um jene Ziele. So lange er an die Idee
gefesselt ist, ist daher das Tragische die eigentliche Signatur des
Willens, der äussere Widerschein des inneren Gegensatzes zwischen
Wotan und Fricka. Aber wenn auch Siegmund gefallen ist,
die von ihm vertretene Tendenz des Vorwärtsstrebens und Hinaus-
schreitens über das Gegebene lebt in dem glücklicheren Sprosse
des Wälsungenpaares fort, in Siegfried.

In Not und Elend hat ihn seine Mutter draussen im wilden
Wald geboren und des Kindes Leben mit dem Tode bezahlt.
Aber Mime, Alberichs Bruder, hat sich des Knäbleins angenommen und es aufgezogen, nicht aus Mitleid, denn das ist
nicht die Art des Nibelungen, sondern in der Hoffnung, aus ihm
ein gefügiges Werkzeug zu machen, um mit seiner Hülfe sich
in den Besitz des Ringes zu setzen. Wir sahen, wie Wagner
selbst früher Siegfried als den Menschen im Sinne Feuerbachs
auffasste, als die Verkörperung jener schönen und starken Menschen
der Zukunft, von denen er die Befreiung aus den Banden der
Tradition erhoffte. Siegfried war ihm die liebste Gestalt der
ganzen Dichtung gewesen, um derentwillen er, wie er an Liszt
geschrieben, diese eigentlich nur abgefasst hatte. In der neuen
Gestalt der Dichtung erscheint nun auch Siegfried nur zu einem
Moment innerhalb des Ganzen herabgesetzt. Es liegt indessen
kein Grund vor, von der früheren Erklärung Wagners abzuweichen.
Auch jetzt noch ist Siegfried der Mensch schlechthin, aber
der Mensch als der Träger und Bringer eines höheren
Geisteslebens, und die ganze Handlung des Dramas „Siegfried"
schildert nichts Anderes als die Emanzipation des Menschen
von der Natur und sein Hineinwachsen in den Zustand
des kulturellen Daseins.

Darauf deuten schon gleich anfangs die besonderen Umstände
bei Siegfrieds Geburt. Nicht unter dem Walten sittlicher Normen

trat ursprünglich der Mensch ins Leben, sondern diese musste er sich durch seine eigene Entwickelung selbst erst schaffen. Wie das Tier, dass noch keine Sittlichkeit besitzt, so verdankt auch er seine Geburt der blinden Wallung ungezügelter Naturtriebe und er findet sich in eine Umgebung hineinversetzt, wo Sinnlichkeit und niedrige Gier des Egoismus die einzigen Triebfedern aller Handlungen bilden. Die Verkörperung dieser niedrigen und feindlichen Welt ist Mime, der widerliche Zwerg, dessen Tücke Siegfried instinktiv durchschaut und zu dem er doch immer wieder zurückkehren muss, so lange er sich seiner eigenen höheren Bestimmung noch nicht bewusst ist. Draussen in der freien Natur wächst der Knabe auf. Selbst ganz mit der Natur verwachsen, verkehrt er mit den Tieren des Waldes, wie mit Seinesgleichen. Noch weiss er nicht, woher er kam, noch glaubt er sich Eins mit seiner Umgebung. Aber wenn er dem seligen Liebesleben der Tiere draussen zuschaut, dann durchschauert es ihn ahnungsvoll, wie eine süsse Sehnsucht nach der ungekannten Mutter. Und wie er einst im Bache sein eigen Bild erblickt, da wird es ihm zur Gewissheit, dass er mit Mime keine Gemeinschaft hat. Die liebevolle Beobachtung der Natur hat ihn zur Erkenntnis seiner selbst gebracht. Weil er so innig mit ihr vertraut ist, darum hat sie ihm auch nichts Neues zu sagen und ist das Gefühl der Furcht seinem Herzen fremd. Er weiss nur, dass es Dinge giebt, die Mime ihn nicht lehren kann, und der Entschluss reift in ihm heran, mit seiner bisherigen Umgebung zu brechen und auf und davon in die Welt zu laufen. Wie hat ihn denn auch Mime bisher in seinem unbewussten Wissensdrang gefördert? Hat er ihm nicht jede neue Erkenntnis mit Gewalt abtrotzen müssen? Nicht einmal die Stücke des zerbrochenen Schwertes, Sieglindes Erbstück für ihren Sohn, hat Mime ihm zusammenschweissen können, der in dieser Beziehung zugleich als die Verkörperung des bloss natürlichen Mechanismus erscheint. Selbst muss er sich das Schwert schmieden, durch eigene Geisteskraft. Da kommt ihm die eigene Überlegenheit über seine bloss natürliche Umgebung zum Bewusstsein, und erfüllt von dem Wunsche, das Fürchten zu lernen, lässt er sich von Mime zu Fafners Höhle führen.

Aber der Anblick des Lindwurms erschreckt ihn nicht. Fafners ungeschlachte Gestalt entlockt ihm nur ein Lachen,

denn er erkennt in ihm dasselbe, nur ins Groteske und Unge-
heuerliche verzerrt, was er auch sonst schon in seiner Umgebung
angetroffen hat: der Geist triumphiert über die rohe Naturgewalt.
Unter den Streichen von Siegfrieds Schwert verendet der Lindwurm. Jener aber vollzieht den Bruch mit der Natur, indem
er auch Mime, der ihm hinterlistig nach dem Leben trachtet,
tot zu Boden streckt. Nun ist der Geist völlig auf sich selbst
gestellt und zum ersten Male fühlt er sich einsam in seiner
Umgebung. Die Brücke zur Natur hat er hinter sich abge-
brochen; was vor ihm liegt, ist ihm nur ein Gegenstand un-
greifbarer Ahnung. Es ist der Zustand des ersten Menschen-
paares, nachdem es vom Baume der Erkenntnis genossen hat. Die
ursprüngliche natürliche Unschuld hat es eingebüsst, durch den
ersten Fehltritt aber ist es wissend geworden. Siegfried hat
zwar keinen Fehltritt begangen, aber er hat den Nibelungenhort
erbeutet, er trägt den verhängnisvollen Ring an seinem Finger.
Und jetzt nehmen seine Ahnungen plötzlich Gestalt an, seine
Gefühle verdichten sich zu konkreten Begriffen, er versteht
plötzlich die Sprache des Waldvogels zu seinen Häupten. Der
singt ihm von heissem Kampf und süsser Liebeswonne. Da gewinnt er zur Erkenntnis seiner geistigen Überlegenheit über die
Natur ein neues Wissen hinzu: er begreift, dass es seine eigentliche
Bestimmung ist, über die Natur zur reinen Erkenntnis emporzu-
streben, und Siegfried zieht aus, um Brünnhilde zu wecken. —
   Diese klare und einfache Handlung wird nun im Drama
„Siegfried" von drei Scenen unterbrochen, worin Wotan in der
Gestalt des „Wanderers" auftritt. Man hat oft hervorgehoben,
wie diese Scenen die Handlung so wenig vorwärts bringen, dass
sie aus dramaturgischem Gesichtspunkte ganz wohl entbehrlich
scheinen. Es kommt hinzu, dass wenigstens die beiden ersten
dieser Scenen auch musikalisch wenig reizvoll sind und in dieser
Hinsicht zu den schwächsten Partien der Trilogie gehören. Ihre
wesentliche Bedeutung liegt denn auch nur darin, dass sie den
Zusammenhang mit der „Walküre" und dem „Rheingold" ver-
mitteln und den Zuschauer über den Inhalt dieser beiden Teile
aufklären sollen. So erfahren wir aus dem Frage- und Antwort-
spiel zwischen dem Wanderer und Mime von Alberich, den
Riesen, von Wotan und den Wälsungen, denen der Gott das
Schwert in die Hände gespielt hat. So werden wir in dem

Zwiegespräche zwischen dem Wanderer und Alberich an den Konflikt zwischen diesem und Wotan, an den Vertrag, den der Gott mit den Riesen eingegangen ist und der ihn hindert, ihnen den Ring selbst wieder abzunehmen, aber auch an Wotans Hoffnung auf den freien Helden erinnert. Endlich wird uns in der Scene zwischen dem Wanderer und Erda der Ungehorsam der Walküre und ihre Bestrafung durch Wotan ins Gedächtnis zurückgerufen.

Dass diese umständlichen Wiederholungen dessen, was wir doch schon wissen und selbst mit erlebt haben, ästhetisch nicht zu billigen sind, darin sind wohl Alle einig. Sie widersprechen überdies Wagners eigenen Grundsätzen so sehr, da er ja gerade, um die epischen Partien zu vermeiden, die ganze sich an den Ring knüpfende Handlung selbst dargestellt hat, dass wir vor ihnen, wir vor einem Rätsel stehen. Man hat daher diese Scenen auf anderem Wege zu rechtfertigen versucht, indem man, wie z. B. Wirth, einen besonders tiefen Sinn dahinter vermutet hat. Worin derselbe bestehen soll, dürfte freilich schwer anzugeben sein. In der ersten der erwähnten Scenen erfahren wir, dass Mimé ganz ohne Verstand ist. Drei Fragen stehen ihm an den Wanderer frei. Aber statt auszuforschen, worüber er selbst schon so lange vergeblich gegrübelt hat, nämlich wer aus den Stücken das Schwert wieder zusammenschweissen werde, richtet er an den Gott drei Fragen von so äusserster Albernheit, dass wir uns dies nur erklären können, wenn wir Mime als die Verkörperung des blinden Naturwillens oder der ungeistigen Materie deuten. Jedenfalls empfinden wir es als eine Genugthuung, wenn der Gott daraufhin das Haupt des Zwerges demjenigen verfallen sein lässt, der das Fürchten nicht kennt, denn eine solche Dummheit hat keine Existenzberechtigung. Unsere Kenntnis des idealen Gehaltes der Dichtung aber wird in allen drei Wandererscenen nur durch die Einsicht bereichert, dass Wotan sich dessen enthält, unmittelbar, wie bei Siegmund, in den Gang der Dinge einzugreifen.

> „Zu schauen kam ich,
> nicht zu schaffen!"

erwidert er Alberich, als dieser ihn von Neidhöhle zu vertreiben sucht, weil er fürchtet, Wotan komme um des Ringes willen. Ja, wenn er Fafner aufweckt und ihn vor Siegfried warnt, so handelt er sogar gegen seinen Helden. Wotan hat aufgehört, sich als Heervater zu bethätigen und den Willen gegen die bestehenden Gesetze aufzureizen. Passiv durchzieht er als Wanderer die Welt, um sich durch den Augenschein zu vergewissern, wie weit sich die Freiheit bereits in ihr entwickelt habe. So pflegt er gerade mit Siegfrieds Gegnern Zwiesprache und überzeugt sich, dass sie ihm nichts anhaben können.

Allein gleichzeitig ängstigt ihn auch die Sorge um das Ende. Je freier er den Willen sich in Siegfried entfalten, d. h. je mehr er ihn von der Natur sich loslösen sieht, desto klarer wird es ihm, dass der freie bewusste Wille seinen eigenen absoluten Willen entthronen wird. Noch einmal wendet er sich an Erda, um Kunde vom Ende der Götter zu gewinnen. Aber jene verweigert ihm die Antwort: die Idee hat keine Zukunft mehr zu offenbaren. Da begreift er, dass das Ende unabwendbar ist, und er beschliesst, seinen früheren Entschluss zur That zu machen und selbst den Untergang zu wollen. Wenn der Gott nicht mehr will, wenn der Wille nicht mehr aktuell ist, dann muss zugleich auch die Idee ihren Entfaltungsprozess einstellen, dann kann Erda wieder ruhig schlummern:

„Urmütter — Weisheit   Was in Zwiespalts wildem Schmerz
geht zu Ende: verzweifelnd einst ich beschloss,
dein Wissen verweht   froh und freudig
vor meinem Willen.   führ' ich es frei nun aus:
Weisst du, was Wotan — will?   weiht' ich in wütendem Ekel
Um der Götter Ende   des Niblungen Neid schon die Welt,
grämt mich die Angst nicht,   dem wonnigsten Wälsung
seit mein Wunsch es — will!   weis' ich mein Erbe nun an".

Brünnhilde, das Wotanskind, dem der Gott seine Not offenbart hat, das seinen Zwiespalt kennt, Brünnhilde wird ja zweifellos Siegfried veranlassen, den Ring an die Rheintöchter zurückzugeben. Dann wären Gott und Mensch von seinem Fluch erlöst, dann hätte die Not des Willens ein Ende, denn die Rückkehr des Goldes zu seinen ursprünglichen Besitzern ist ja das Symbol für die Wiederherstellung des Urzustandes, wo der Wille noch nicht aktuell war und die entgegengesetzten Kräfte noch in friedlicher Einheit bei einander schlummerten:

„Brünnhilde,   erlösende Weltenthat . . . .
sie weckt hold sich der Held: Was jene auch wirken —
wachend wirkt dein wissendes   Dem ewig Jungen
                    Kind   weicht in Wonne der Gott".

In diesem Bewusstsein sieht er dem Nahen Siegfrieds

mit stiller Heiterkeit entgegen, und es ist wohl nur als eine
letzte Probe, auf die er den Helden stellen will, aufzufassen, wenn
er diesem am Fusse des Brünnhildenfelsens entgegentritt. Es
entspricht dies den Schlussworten Wotans in der „Walküre":

> „Wer meines Speeres Spitze fürchtet,
> durchschreite das Feuer nie!"

Indessen kann nach seinem soeben ausgesprochenen Ent-
schlusse, Siegfried das Feld zu räumen, der Widerstand des
Gottes ihm gegenüber doch nicht ernst gemeint sein. Erst als
ihn Siegfried in seinem Ungestüm, womit es ihn vorwärts
treibt, verhöhnt, da lodert noch einmal das alte Machtbewusst-
sein in Wotan auf, da versucht er, ihn ernsthaft mit jenem Speer
den Weg zu sperren, worin er, als Symbol der Vereinigung des
Willens mit der Idee, die Vertragsrunen eingeschnitten hat, und
woran einst Siegmunds Schwert zerspringen musste. Allein diesmal hält der Speer dem Schlag nicht Stand. Siegfried zerhaut
ihn und erkämpft sich dadurch den Weg zum Brünnhildenfelsen.

Dass nun freilich diese Scene restlos in den idealen Zusammenhang des Ganzen einginge, wird man kaum behaupten
können. Schon in rein dramatischer Hinsicht ist sie nicht glück-
lich erfunden. Wotans Auftreten gegenüber dem jungen Siegfried lässt uns kalt, da wir ja von vornherein die Empfindung
haben, dass es nicht ernst gemeint ist; und wenn sein Drohen
dann hinterher in Ernst übergeht und Wotan thatsächlich Anstalten macht, den Helden abzuweisen, so wissen wir nicht mehr,
was wir von dem alten Gotte denken sollen. Mehr als einmal
ist uns die Wunderkraft von Wotans Speer gepriesen, seiner
„Herrschaft Haft", womit er sich rühmt, die Welt zu „sperren".
Wir kennen diesen Speer, wie gesagt, als Symbol der Vereinigung des Willens mit der Idee, als das Zeichen dafür, dass
der Wille nur durch die logischen Gesetze die Welt regiert.
Müsste folglich nicht umgekehrt die Zerspaltung dieser Waffe
durch Siegfried die Lösung jener Vereinigung bedeuten? Aber
dann hätte ja der Wille seinen Zweck erreicht, dann müsste die
Götterdämmerung schon hier eintreten, und die Welt müsste
zusammenbrechen, statt dass, wie jetzt, Wotan unter einem
Donnerschlage ganz gemächlich die Stücke seines Speeres auf-
rafft und damit verschwindet. Wohl aber ist dies Verhalten
Wotans verständlich, wenn man ihn, wie Wagner dies früher

gethan hatte, als den Vertreter der individualistischen Weltordnung auffasst. Dann kann er natürlich das Herannahen
eines revolutionären Helden, wie Siegfried, nicht dulden, dann
ist es nur natürlich, wenn er diesem den Weg versperrt, und
die Zerspaltung seiner Waffe durch Siegfried ist wirklich der Ausdruck für den Sieg der neuen Weltgestaltung. Ich bin daher
geneigt, den Widerspruch der fraglichen Scene dadurch zu erklären, dass Wagner sie beim Umdenken seines „Ringes“ in der
früheren Fassung einfach hat stehen lassen, ohne ihre Unverein-
barkeit mit der neuen Idee des ganzen Werkes zu bemerken. —
Wenn die Wandererscenen aus den angeführten Gründen
erheblich hinter den übrigen Teilen des Dramas zurückbleiben,
so entschädigt uns dafür die Schlussscene des „Siegfried“ um so
reichlicher für alles, was wir an jenen auszusetzen fanden. Hier
besteht in der That eine so wundervolle Übereinstimmung
zwischen Idee und Anschauung, hier ist die erstere so völlig in
die letztere aufgegangen, wie es herrlicher gar nicht gedacht werden
kann. Nach unseren früheren Darlegungen kann ja kein Zweifel sein,
dass es sich bei Siegfrieds Erweckung der Brünnhilde um die
absichtliche Gewinnung der Erkenntnis, die Werbung des Menschen um den Schatz des bewussten Wissens handelt.

Wer zuerst an die Erkenntnis herantritt, dem mag sie wohl
als ein sprödes Ding, als „ein Mann in Waffen“ erscheinen,
den es gefährlich ist, aus seinem Schlummer aufzuwecken. Allein
wie bald weicht die Scheu einer brennenden Liebe zum Wissen,
wenn dem Geiste das Bewusstsein aufdämmert, welche neuen,
ungeahnten Freuden seiner im Verkehre mit der reinen, jung-
fräulichen Erkenntnis warten! Im Anblick Brünnhildes begreift Siegfried endlich, was das Fürchten ist, denn die Macht
des Geistes ist viel gewaltiger als alle Erscheinungen der blinden
Naturpotenzen. Da übermannt ihn die Liebe zur Idee, und er
weckt sie mit seinem Kuss, d. h. er zwingt sie, ins Bewusstsein
einzugehen. Erwachend aber offenbart sie ihm ihr Geheimnis:

„O Siegfried! Siegfried!
seliger Held!
Du Wecker des Lebens,
siegendes Licht!
O wüsstest du, Lust der Welt,
wie ich dich je geliebt!
Du warst mein Sinnen,
mein Sorgen du!
Dich Zarten nährt’ ich,
noch eh’ du gezeugt;
noch eh’ du geboren,
barg dich mein Schild:
so lang’ lieb ich dich, Siegfried!“

Warum, das erfahren wir aus ihren Worten:

> „Dich liebt' ich immer,
> denn mir allein
> erdünkte Wotans Gedanke."

Die absolute aktuelle Idee war ja von vornherein auf den Menschen, als das Ziel des Weltprozesses, gerichtet, sie war es auch, die in der Form gefühlsmässiger Ahnung bisher in ihm lebendig war. Aber freilich war sie dies nur als unbewusste:

> „Der Gedanke,   für den ich büsste,
> den nie ich nennen durfte,   Strafe mich band,
> den ich nicht dachte,   weil ich ihn nicht dachte
> sondern nur fühlte,   und nur empfand!
> für den ich focht,   Denn der Gedanke —
> kämpfte und stritt,   dürftest du's lösen: —
> für den ich trotzte   mir war er nur Liebe zu dir!"
> dem, der ihn dachte,

Es ist dem Menschen natürlich, sobald er anfängt, zu reflektieren und über seine eigene Bestimmung nachzudenken, sich selbst als das Ziel und den Höhepunkt der kosmischen Entwicklung anzusehen. Aber nur als der Träger des bewussten Geisteslebens, nur sofern er selbst die Idee in sich aufgenommen, sich diese gleichsam zu ihm herabgelassen hat, kann er auf jene Stellung Anspruch machen und wird er selbst zu idealer Höhe emporgehoben:

> „Du selbst bin ich,   weiss ich für dich:
> wenn du mich Selige liebst.   doch wissend bin ich
> Was du nicht weisst,   nur — weil ich dich liebe".

Vorerst jedoch vermag sich die Idee in den neuen Zustand der Bewusstheit, der endlichen Bedingtheit noch nicht hineinzufinden. Mit Wehmut erinnert sie sich ihrer früheren Hoheit, da sie noch frei zu Ross mit Brünne und Helm durch die Lüfte jagte. Vergebens sucht der Held sich ihr in steigender Liebesinbrunst zu nähern; sie stösst ihn zurück und entzieht sich seiner Umarmung:

> „Kein Gott nahte mir je;   der schmählichen Not!
> der Jungfrau neigten   Verwundet hat mich,
> scheu sich die Helden: der mich erweckt!
> heilig schied sie aus Walhall.   Er erbrach mir Brünne und Helm:
> Wehe! Wehe!   Brünnhilde bin ich nicht mehr!"
> Wehe der Schmach,

Es ist wahr: die Idee, ins Bewusstsein hinabgerissen, hat
ihre frühere Absolutheit eingebüsst. Sie ist nicht gleich anfangs
wieder die freie und inhaltsgesättigte Idee, sondern muss erst
einen langen Prozess durchmachen, bevor sie wieder in ihrem
einstigen Glanze hervortritt. Diesen Prozess schildert das Liebes-
werben Siegfrieds um Brünnhilde. Im Anfang ist die
menschliche Erkenntnis noch dunkel und verworren:

„Noch bist du mir brach ich noch nicht.
die träumende Maid, Erwache! sei mein Weib!"
Brünnhildes Schlaf

worauf sie ihm erwidert:

„Mir schwirren die Sinne! trübt mir den Blick;
Mein Wissen schweigt. mein Auge dämmert,
Soll mir die Weisheit schwinden? das Licht verlischt:
Trauriges Dunkel Nacht wird's um mich!"

Die kaum gewonnene Erkenntnis scheint dem Menschen eher
hinderlich als nützlich. Was er früher instinktiv, nur von seinem
Gefühl geleitet, richtig erschaut hat, das verzerrt sich ihm jetzt
im Spiegel des Bewusstseins zu trügerischen Gestalten:

„Aus Nebel und Grau'n Schrecken schreitet
windet sich wütend ein Angstgewirr: und bäumt sich empor!"

Aber der Mensch lässt trotzdem nicht ab, um die Idee zu werben. Sie bittet ihn, ihr nicht näher zu treten, die Traute nicht
zu zertrümmern, sein Bild, das er in ihrem Spiegel, wie in
einem klaren Bache, sieht, nicht zu trüben; denn nur in der
reinen, ästhetischen Anschauung erscheint die Welt schön; der
Wissensdrang, hinter ihre Geheimnisse zu kommen, vernichtet
diese Schönheit und bedroht zugleich das Glück des Menschen.

„Liebe dich" (ruft sie ihm daher zu)
„und lasse von mir!
Vernichte dein Eigen dir nicht!"

Indes die Liebe zur Erkenntnis ist stärker als der Gedanke
an Glück und Leben. Der blosse ästhetische Genuss der reinen
Anschauung kann dem Menschen nicht genügen. Auf die Gefahr hin, selbst dabei umzukommen, will Siegfried, ganz wie
der Jüngling vor dem verschleierten Bild zur Sais, die Hülle
heben, das Bild umschlingen, das Wesen der Anschauung selbst
kennen lernen. Da schmilzt vor diesem Heldentum ihr sprödes
Herz, da verzichtet sie auf ihr einstiges Wissen und giebt sich

ihm in wonniger Liebesumarmung zu eigen. Und wie er sie darauf an sich presst und sich mit seinem ganzen Selbst ihr hingiebt, verschwindet die Furcht, die er nur empfunden, so lange er sie noch nicht völlig kannte. Während ihm sein kühner Mut zurückkehrt, vergisst aber auch Brünnhilde, was sie einst gewesen, vergisst sie in ihrem Liebesrausche, den Ring von Siegfried zu erbitten, um ihn an die Rheintöchter zurückzugeben:

„Himmlisches Wissen   Jauchzen der Liebe
stürmt mir dahin,   jagt es davon!"

Brünnhilde ist ein irdisches Weib geworden und wünscht nicht mehr, etwas Höheres zu sein. Und so sagt sie sich von Wotan los in jenem grossartigen Schlussgesange:

„Fahr hin, Walhalls   dunkle herauf!
leuchtende Welt!   Nacht der Verzweiflung,
Zerfall in Staub   neble herein! —
deine stolze Burg!   Mir strahlt zur Stunde
Leb wohl, prangende   Siegfrieds Stern!
Götterpracht!   Er ist mir ewig,
Ende in Wonne,   er ist mir immer
du ewig Geschlecht!   Erb' und Eigen,
Zerreisst ihr Nornen   ein' und all',
das Runenseil!   leuchtende Liebe,
Götterdämm'rung,   lachender Tod!"

VI.
Die Götterdämmerung.

Die Hoffnung Wotans, dass Brünnhilde den Ring an die Rheintöchter zurückgeben werde, hat sich nicht erfüllt. Im Überschwange ihres Glückes hat sie Walhall vergessen und ist ganz in ihrer Liebe zu Siegfried aufgegangen. Wotan selbst aber ist es, wie wir wissen, nicht verstattet, den Dingen eine andere Wendung zu geben. Er kann das Ende herbeiwünschen als Ziel des Wollens, aber er kann es nicht unmittelbar selbst realisieren, weil dem absoluten Willen aller Inhalt des Realisierens von der absoluten Idee dargeboten wird, die letztere aber notwendig positiv ist. Die Befreiung des Willens von der Idee geschieht nur durch sein Nichtmehrwollen; der absolute Wille jedoch kann nur Etwas wollen. Mag er immerhin die Möglichkeit der Verneinung in sich tragen, er kann doch selbst von der Idee nicht loskommen, weil seine Aktualität unmittelbar nichts Anderes als eine Bejahung seines idealen Inhalts ist. So enthält er sich, als absoluter Wille, des Eingreifens in den Lauf der Dinge und lebt nur noch in den endlichen Erscheinungen der Heldengestalten von Siegfried und Brünnhilde fort, die er zu Erben seiner eigenen Herrschaft eingesetzt hat.

Diese Lage der Dinge schildert die Nornenscene, womit die Götterdämmerung eingeleitet wird. Wir lernten die Nornen bereits als die Töchter der Erda, die älteren Schwestern der Brünnhilde kennen, die unter der Weltesche die Geschicke des Universums spinnen. Sie fallen somit ihrer metaphysischen Bedeutung nach mit der absoluten aktuellen Idee zusammen, wie dieselbe auch in Brünnhilde und den Walküren Gestalt angenommen hatte, nur dass sie diese Idee nicht, wie jene, in ihrer Eigenschaft als den jeweiligen Inhalt des absoluten Willens, sondern als die Gesamtheit oder die lebendige Totalität des idealen Universums in der logischen Verknüpftheit seiner inneren Momente repräsentieren.

Seit Wotan sich von der Weltesche den Ast gebrochen, um seinen Speer daraus zu schneiden, d. h. seitdem der Wille in den Frieden der Ideenwelt eingedrungen, ist die Reinheit dieser Welt getrübt, und die Idee ist in den Strudel der endlichen Bedingtheit und ihrer Vergänglichkeit hinabgerissen. Der heilige Quell des Wissens ist versiegt, woraus einst in der Sphäre der lauteren Idealität der Inhalt der Ideenwelt entströmte. Trüben Sinnes ward der Gesang der Nornen, denn die real gewordene Idee ist nunmehr auch in die Verwickelung und Gegensätzlichkeit des endlichen Seins verflochten. Sie weben nicht mehr unter der Weltesche den blossen idealen Traum der Erda, sondern auf dem rauhen Boden der Wirklichkeit spinnen sie in finsterer Nacht die Weltgeschicke, während Loge, der Wille der Verneinung, in der Tiefe lodert — und sie flechten den Fluch des realen Seins in das Gewebe. Die verdorrte Weltesche jedoch hiess Wotan fällen und in Stücke spalten. Die häufte er rings um Walhall auf und sitzt nun selbst mit den Göttern und Helden im ragenden Göttersaale und sieht thatenlos der Entwickelung der Dinge zu. Und trüber und düsterer wird der Gesang der Nornen. Ihre Gedanken verwirren sich, die Steine schneiden in das Seil, der Fluch nagt am Gewebe, sie ziehen an, und es reisst: die Entwickelung ist an ihr Ziel gekommen:

> „Zu End' ewiges Wissen! Weise nichts mehr: —
> Der Welt melden hinab zur Mutter! hinab!" —

Inzwischen dämmert der Tag herauf. Siegfried nimmt von Brünnhilde Abschied, um auf neue Thaten auszuziehen. Denn der Mensch kann nicht bei der blossen Anschauung der Idee verharren; er ist wesentlich .auf's Handeln angelegt. Was hülfe ihm die Steigerung des Bewusstseins, was nützte ihm sein Wissen, wenn er es nicht in Wirklichkeit umsetzen wollte? Aber gerade weil nun sein Wissen ein bewusstes, oder weil er sich über sein Ziel klar geworden ist, darum werden seine Handlungen auch von jetzt an einen ganz anderen Charakter tragen, als solange er bloss seinem instinktiven Drange folgte. Die Idee hat ihm alles hingegeben, was sie einst besass. Sie hat ihm das Licht des Bewusstseins angezündet; dass es weiter brenne und leuchte, ist nun seine Sorge:

> „Mögst du die Arme die dir nur gönnen —
> nicht verachten, nicht geben mehr kann".

Alles Weitere wird nun von seiner Liebe zur Idee abhängen, und diese wird nur dadurch verbürgt, dass er ihrer und seiner selbst, seiner idealen Bestimmung stets eingedenk bleibt:

> „Willst du mir Minne schenken, Gedenk der Eide,
> gedenke deiner nur, die uns einen;
> gedenke deiner Thaten! gedenk der Treue,
> Gedenke des wilden Feuers, die wir tragen;
> das furchtlos du durchschrittest, gedenk der Liebe,
> da den Fels es rings umbrann — der wir leben:
> Gedenk der beschildeten Frau, Brünnhilde brennt dann ewig
> die in tiefem Schlaf du fandest, heilig dir in der Brust!"
> der den festen Helm du erbrachst —

Hierauf tauschen beide wechselseitig Pfande ihrer Liebe aus. Ahnungslos, ohne von seinem Fluch zu wissen, giebt Siegfried den Ring an Brünnhilde und empfängt dafür ihr Ross:

> „Ging sein Lauf mit mir nicht mehr
> einst kühn durch die Lüfte — schwingt es sich mutig des Wegs.
> mit mir Doch wohin du ihn führst —
> verlor es die mächtige Art; sei es durch's Feuer —
> über Wolken hin grauenlos folgt dir Grane".
> auf blitzenden Wettern

Drews, Der Ideengehalt.

7

Wir mögen bei diesen Worten der Brünnhilde an die Phantasie denken, die kühne Trägerin der Idee, die den Gedanken im Fluge über die Schwere der Wirklichkeit hinwegführt: im Zwange des realen Seins muss auch sie den Gesetzen der materiellen Endlichkeit gehorchen. Aber dieser Tausch ihrer beiderseitigen höchsten Besitztümer hat eine tiefere Bedeutung. Brünnhilde empfängt von Siegfried zugleich mit dem Ringe seine Heldenkraft:

> „Was der Thaten je ich schuf,
> dess' Tugend schliesst er ein".

Siegfried erhält umgekehrt von Brünnhilde ihr ideales Wissen:

> „Durch deine Tugend allein   Meine Kämpfe kiesest du?
> soll so ich Thaten noch wirken?   Meine Siege kehren zu dir?"

Damit ist die wesenhafte Einheit beider ausgesprochen. Nicht mehr Siegfried allein, sondern Siegfried und Brünnhilde zusammen repräsentieren hinfort die Menschheit, als die Trägerin des geistigen Entwickelungsprozesses, und wenn zwischen ihnen noch ein Unterschied besteht, so ist es nur ein solcher, wie zwischen Wille und Idee, als den beiden verschiedenen Seiten eines und desselben Wesens. Wer denkt hierbei nicht an Wagners eigene Worte, die er an Röckel schreibt: „Höchste Befriedigung des Egoismus finden wir nur im vollsten Aufgeben desselben, und dieses findet der Mensch nur durch die Liebe? Allein der wirkliche Mensch ist Mann und Weib, und nur in der Vereinigung von Mann und Weib existiert erst der wirkliche Mensch, erst durch die Liebe wird daher der Mann wie das Weib — Mensch ... Auch Siegfried allein (der Mann allein) ist nicht der vollkommene „Mensch": er ist nur die Hälfte. Erst mit Brünnhilde wird er zum Erlöser. Nicht Einer kann alles; es bedarf Vieler, und das leidende, sich opfernde Weib wird endlich die wahre, wissende Erlöserin: denn die Liebe ist eigentlich „das ewig Weibliche" selbst".[1] Die Schlussworte der Scene fassen diesen Gedanken noch einmal folgendermassen zusammen:

> Siegfried: „Auf deines Rosses Rücken,
> in deines Schildes Schirm,
> nicht Siegfried acht' ich mich mehr,
> ich bin nur Brünnhildens Arm!

---

[1] a. a. O. 37.

Brünnhilde: O wär' Brünnhilde deine Seele!
Siegfried: Durch sie entbrennt mir der Mut.
Brünnhilde: So wärst du Siegfried und Brünnhilde?
Siegfried: Wo ich bin, bergen sich beide.
Brünnhilde: So verödet mein Felsensaal?
Siegfried: Vereint fasst er uns zwei.

Brünnhilde: O heilige Götter,   an·dem weih'vollen Paar!
            hehre Geschlechter!   Getrennt — wer will es scheiden?
            weidet eur Aug'   Geschieden — trennt es sich nie!"

Diese zweite Scene des Vorspiels zur „Götterdämmerung"
bildet offenbar das Gegenstück und die Ergänzung zur ersten
Reingoldscene, worin gleichfalls, wie wir sahen, die Vereinigung
des Willens mit der Idee veranschaulicht wurde. Hier aber
handelte es sich um die unbewusste Idee, und das Produkt jener
Vereinigung war das reale Dasein. Die Vereinigung von Siegfried und Brünnhilde dagegen wiederholt denselben Vorgang
auf der Stufe des Bewusstseins. Wenn Alberich das Rheingold
raubte, so beging er damit jene „Urschuld", jenes erste Unrecht,
das, wie ein Fluch, hinfort der ganzen realen Existenz anhaftet.
Wenn dagegen Siegfried den Ring an Brünnhilde giebt, so
weiht auch er damit zwar das ganze menschliche Geschlecht dem
Fluche, aber er thut es unbewusst, ohne eigenes Verschulden,
der Fluch ist mit der Menschheit nicht mehr so unmittelbar
verwachsen, und darin liegt die Möglichkeit, von ihm erlöst zu
werden. —

Behält man jene Einheit von Siegfried und Brünnhilde
im Auge, so ergiebt sich der Sinn der folgenden Handlung ohne
Schwierigkeit. Es erscheint dann nicht mehr verwunderlich,
wie der Mensch-Erlöser in Irrtum und Trug verfallen, wie Siegfried am Hofe der Gibichungen in die Netze von Gunthers
Schwester ¡Gutrune geraten und durch Hagens Zaubertrank
seine Liebe zu Brünnhilde vergessen kann. Denn Siegfried
repräsentiert ja alsdann nur die eine Seite der Menschheit, den
Menschen, wie er, in die Bande holder Sinnlichkeit verstrickt,
seiner wahren idealen Bestimmung untreu wird. Dabei ist Siegfried doch nicht wirklich schlecht, sondern die Untreue wird
ihm als etwas seiner innersten Natur eigentlich Fremdes gleichsam von aussen angethan, während die Menschheit in ihrer
Bosheit, Verlogenheit und Erbärmlichkeit in den Gibichungen
zum Ausdruck gelangt, die Wagner daher auch in Beziehung

zu Alberich, dem Willen des Egoismus, gesetzt hat: ist doch Hagen, Gunthers Halbbruder, der Sohn des Alberich, den dieser sich als einen Helfer im Kampfe um den Ring gezeugt hat! Siegfried dagegen, in dem Wotans Wille lebt, bleibt auch im Irrtume seiner ursprünglichen guten Natur getreu. Er ist eben nichts Anderes als der Mensch, der „irrt, solang er strebt", und es scheint mir verfehlt, wie Wirth es gethan hat, ihm eine besondere „Verschuldung" anzudichten. Siegfrieds „Schuld" ist nur die, ein endlicher, bedingter Mensch zu sein, der die Welt glaubt erobern zu können, ohne sie zu kennen, und der, weil er selbst Vertrauen fordert, auch Andere seines Vertrauens ohne weiteres für würdig hält. Er meint, ein gutes Werk zu thun, wenn er Gunthern das ersehnte Weib verschafft, und sieht nicht, was für einen ungleichartigen Tausch er macht, indem er die hoheitsvolle Brünnhilde der zarten, bloss sinnlich reizenden Gutrune opfert. Solange Siegfried in naivem Jugenddrange der Stimme seines unmittelbaren Gefühles folgte, so lange war er sich „des rechten Weges wohl bewusst". Aber er irrt, wo er sich auf seine Reflexion verlässt, und fällt in demselben Augenblicke der Intrigue anheim, als er sich beim Genusse des Vergessenheitstrankes Brünnhildes, d. h. des erlernten Wissens, erinnert. So ist er recht eigentlich die Verkörperung jener Wahrheit, dass nur das unbewusste, intuitive Wissen unfehlbar ist, dass dagegen jede Aktion, die durch das Bewusstsein hindurchgeht, eben damit dem Irrtum ausgesetzt ist. Dabei bleibt die Frage unberührt, ob das Mittel des Vergessenheitstrankes, dessen sich Wagner zur Veranschaulichung dieser Idee bedient hat, vom dichterischen Standpunkte aus zu billigen sei. Ich persönlich glaube diese Frage verneinen zu müssen, was man auch immer zur Rechtfertigung des Trankes vorgebracht hat. Von dem Augenblick an, wo Siegfried den Trank geniesst, büsst er für uns sein früheres Interesse ein und wandelt hinfort nur mehr als Marionette über die Bühne, um erst in der Scene mit den Rheintöchtern wieder Leben zu gewinnen.

Hier aber wird uns nun noch einmal der ganze sonnige Charakter des Helden vorgeführt, wie wir ihn aus dem Drama „Siegfried" kennen, und die Wirkung dieser Scene ist um so tiefer gehend, als wir das traurige Ende Siegfrieds nahe wissen. Frauenlist und Heldentrotz, Mädchengelächter und Todesahnen vermischen sich hier zu einem so wundervollen Ganzen, dass es unmöglich ist, sich jener Wirkung zu entziehen. Siegfried hat sich auf der Jagd verirrt und gelangt, der Fährte eines Bären folgend, an das Ufer des Rheins. Da tauchen aus den Fluten die Rheintöchter empor und vereinigen ihre Bitten, ihnen den Ring zu überlassen, den er Brünnhilde im Kampfe abgenommen hat. Anfangs weigert er sich, ihnen zu willfahren. Als sie ihn jedoch verspotten und ihn geizig schelten, da ist er Willens, ihren Bitten nachzugeben; weiss er doch nicht, was für eine Bewandtnis es mit dem Ringe hat! Denn sein Streben war nie auf Macht und Besitz gerichtet, sondern nur darauf, seiner eigenen Natur getreu zu leben. Nun aber weigern sich die Rheintöchter, den Ring anzunehmen:

> „Behalt' ihn, Held,   das in dem Ring du hegst.
> und wahr' ihn wohl,   Froh fühlst du dich dann,
> bis du das Unheil rätst,   befrei'n wir dich von dem Fluch".

Diesen Worten fügen sie die Warnung vor dem Ring und seinem Fluch hinzu und verkünden Siegfried, dass er noch heute sterben müsse. Allein damit vermögen sie den Helden nicht zu schrecken. „Für der Minne Gunst" wäre er bereit, ihnen den Ring zu überlassen; dass sie ihm aber Leben und Leib bedrohen, das veranlasst ihn, die Bitte ihnen abzuschlagen, auch wenn sie dieselbe wieder erneuern würden. Hier zeigt sich nun Siegfried wirklich als der freie Held. Es hängt nur von ihm ab, zu leben oder zu sterben, zu wollen oder nicht mehr zu wollen: er aber, der furchtlose Held, gehorcht nicht, wie Wotan, einem fremden Zwange, er will nicht gegen seinen Willen wollen und darum entscheidet er sich für den Untergang. Und als er dann hinsinkt, von Hagens Speer getroffen, da zerreisst auf einmal der Schleier der Maja vor seinen Augen, da durchschaut er seinen Irrtum: seine eigentliche, wahre Natur bricht wieder durch, und die gewaltigen Akkorde, die zuerst beim Erwachen der Brünnhilde erklangen, und die wir nun wieder hören, verkünden uns, dass jetzt die Stunde der bewussten Idee gekommen sei. —

Wie Siegfried, so wird auch Brünnhilde vor die Entscheidung gestellt, sich selbst ihr eigenes Geschick zu wählen. Dies geschieht in der Scene, wo die Walküre die Einsame auf ihrem Felsen aufsucht, um sie zu veranlassen, Walhalls Not zu

enden. Aus deren Munde erfahren wir noch einmal, worauf
Wotan hofft:

> „Des tiefen Rheines Töchtern   von des Fluches Last
> gäbe den Ring sie wieder zurück,   erlöst wär' Gott und Welt".

Da stahl sich die Walküre heimlich aus der Götter Mitte fort
und beschwört nun Brünnhilde, den Ring für Wotan hinzu-
geben. Allein dazu kann sich jene nicht verstehen. Umsonst
erinnert sie die Walküre daran, wie „der Welt Unheil" an dem
Ringe hafte, umsonst ruft sie ihr die Treue gegen die Götter
ins Bewusstsein. Siegfrieds Liebespfand ist ihr um eine Welt
nicht feil:

> „Mehr als Walhalls Wonne   ewig währendes Glück!
> mehr als der Ewigen Ruhm —   Denn selig aus ihm
> ist mir der Ring: leuchtet mir Siegfrieds Liebe:
> ein Blick auf sein helles Gold,   Siegfrieds Liebe —
> ein Blitz aus dem hehren Glanz o liess' sich die Wonne dir sagen! —
> gilt mir werter   sie wahrt mir der Reif!"
> als aller Götter

Seit Brünnhilde „der Götter heiligem Himmelsnebel enttaucht",
seit die Idee aus der übersinnlichen Sphäre der Unbewusstheit
herausgetreten und ins Bewusstsein eingegangen ist, seitdem ist sie
mit allen Fasern ihres Seins an die irdische Existenz und ihre
höchste Erscheinungsform, den Menschen, gefesselt. Diese Einheit ist Brünnhildens Liebe, diese Liebe füllt ihr Wesen aus,
ohne welche sie eben nicht die bewusste Idee sein würde, von
dieser Liebe kann sie daher nicht lassen, mag Walhalls strahlende
Pracht auch darüber in Trümmer stürzen. Auch Brünnhilde
also unterwirft sich nicht einem fremden Gesetz, sondern entscheidet sich frei, d. h. in Übereinstimmung mit ihrem Wesen.
Damit aber beschwört sie das Verhängnis gegen sich herauf,
das an dem Besitz des Ringes haftet.

Dass Brünnhilde die höhere Pflicht gegenüber der Götterwelt ihrer eigenen Liebe, und insofern nicht ohne Selbstsucht
opfert, dafür wird sie in den Fluch des Ringes hineingerissen
und muss sie die äussersten Qualen und die tiefste Erniedrigung
erleiden, die nur je ein Weib treffen können: Siegfried selbst
erniedrigt sie unter Gunthers Maske und zwingt sie in die
Ehe mit dem fremden Manne. Dass es ihre Liebe war, wovon
sie sich leiten liess, dass ihre Selbstsucht das Aufgehen in den
Anderen, ihre Hingebung an den Geliebten, d. h. aber eigentlich

das Gegenteil aller Selbstsucht war, das raubt ihrer Handlungsweise den Stachel der Schuld und ermöglicht es ihr, sich vom
Fluche zu erlösen. Als sie den Ring an Siegfrieds Hand
erblickt, von dem sie annahm, dass Gunther ihn ihr abgewonnen,
da ahnt sie wohl, dass hier Betrug im Spiele sei, aber der Sturm
der Gefühle, der in ihrem Innern tobt, macht sie unfähig, den
wahren Zusammenhang der Dinge zu durchschauen:

> „Welches Unholds List   Wo ist nun mein Wissen
> liegt hier verhohlen?   gegen dies Wirrsal?
> Welches Zauberers Rat   Wo sind meine Runen
> regte dies auf?   gegen dies Rätsel?“

Als unbewusste Idee überschaute Brünnhilde einst deutlich
allen Zusammenhang der Dinge. In die Endlichkeit hinabgerissen,
hat die Idee auch ihre frühere Allwissenheit eingebüsst:

> „All mein Wissen   hält er die Beute,
> . wies ich ihm zu: die, jammernd ob ihrer Schmach,
> in seiner Macht   jauchzend der Reiche verschenkt! —
> hält er die Magd;   Wer bietet mir nun das Schwert,
> in seinen Banden   mit dem ich die Bande zerschnitt'?“

Solche Konflikte, die nur auf gewaltsame Weise lösbar scheinen,
kommen nur in der Sphäre des Endlichen und des Realen vor.
Aber ihre Lösungen kehren sich gegen das Subjekt und ver-
stricken es nur immer tiefer in Schuld und Verderben, um ihm
dann hinterher, wenn es zu spät ist, die wahre Lösung aufzudecken.

Das muss auch Brünnhilde an ihr selbst erfahren. Erst
an der Leiche Siegfrieds, dessen Tod sie verschuldet, erst im
Anblick dessen, was sie angerichtet hat, wird ihr auf einmal
der Zusammenhang der Dinge offenbar. Nun begreift sie, dass
Gutrune ihres Gatten Eheweib niemals war, dass sie ihn nur
als Buhlerin gefesselt, ihn auf kurze Zeit verblendet, Siegfrieds
wahre Liebe aber nie aufgehört hat, ihr selber anzugehören: der
Mensch kann irren, er kann den rechten Weg verfehlen, aber
was ihn dabei leitet, ist doch immer nur die Idee:

> „Wie die Sonne lauter,   hielt keiner Verträge,
> strahlt mir sein Licht!   lautrer als er
> Der Reinste war er,   liebte kein And'rer:
> der mich verriet! —   und doch — alle Eide,
> Echter als er   die Verträge,
> schwur keiner Eide,   alle treueste Liebe
> treuer als er   trog keiner, wie er!“

Siegfried, der Wotansspross, musste, als endliche Erscheinungsform des absoluten Willens, notwendig den Charakter seines
Ahnherrn spiegeln. Aber wenn aus diesem Umstande eine
Schuld hergeleitet werden soll, so ist es nicht Siegfrieds Schuld,
sondern die Schuld des Willens überhaupt, der durch sein Wollen,
durch die Unersättlichkeit seines Strebens alle Schuld erst in
die Welt gebracht hat. Darum wendet sich Brünnhilde an
diese Urquelle alles Unheils:

> „O ihr, der Eide
> heilige Hüter!
> lenkt euren Blick
> auf mein blühendes Leid,
> erschaut eure ewige Schuld!
> Meine Klage hör,
> du hehrster Gott!
> Durch seine tapferste That,
> dir so tauglich erwünscht,
> weihtest du den,
> der sie gewirkt,
> des Verderbens dunkler Gewalt —
> mich — musste
> der Reinste verraten,
> dass wissend würde ein Weib!"

Jawohl, Brünnhilde ist wissend geworden. Der Schmerz,
der Tod, die Tragik des Menschenlebens haben auch ihr den
Schleier von den Augen fortgezogen. Auf dem Leidenswege
der Erfahrung ist die bewusste Idee zu ihrer früheren Höhe
wiederum emporgestiegen. Sie ist wieder die hellsichtige, alles
umspannende Idee geworden, für die auch die Form des Bewusstseins keine Schranke mehr bildet:

> „Alles! Alles!
> Alles weiss ich,
> alles ward mir nun frei!"

Sie weiss, dass der Schmerz nicht sie allein betrifft, sondern dass
die Tragik mit dem Dasein überhaupt verknüpft ist; sie weiss,
dass das irdische, menschliche Leid nur die Abspiegelung und
Verendlichung des absoluten Leides, dieses selbst aber unabwendbar ist; denn alle Realität beruht auf dem Willen, der Wille
jedoch ist, als wollender, stets mit Leid behaftet. Brünnhilde
weiss aber auch, wie dieses Leid zu enden:

> „Nicht Gut, nicht Gold,
> noch göttliche Pracht;
> nicht Haus, nicht Hof,
> noch herrischer Prunk;
> nicht trüber Verträge
> trügender Bund,
> noch heuchelnder Sitte
> hartes Gesetz —"

nicht ein positives Wollen, das die Qual nur vergrössert, kann das
Weltleid enden —

> „selig in Lust und Leid
> lässt die Liebe nur sein".

Und diesmal ist Brünnhildes Liebe nicht die endliche, be-
schränkte Form der Liebe zum einen Individuum, sondern es ist
diejenige höchste Form der Liebe, die Menschheit, Welt und
Gott zugleich umspannt. Diesmal ist ihre Liebe auch nicht der
Ausdruck eines positiven Wollens, eines Willens, der nach Glück
verlangt, sondern sie ist vielmehr das Wollen der Befreiung
vom Leid, das damit zugleich auch auf alle Lust verzichtet.
Wenn aber das Leid des Seins vom Wollen abhängt, kann jene
Befreiung nur in der Negation des Wollens liegen. Der absolute Wille ist, wie wir sahen, unfähig, diese Negation zu vollziehen, weil er, als Prinzip der Realität, nur realisieren, aber
eben deshalb nicht das Gegenteil des Realen setzen, weil er
keinen negativen Inhalt haben oder, was dasselbe ist, weil er
von der absoluten Idee nicht loskommen kann. Der endliche
Wille dagegen hat diese Freiheit, weil die endliche, bewusste
Idee, die seine Bestimmung ausmacht, sowohl das Ja, wie das
Nein zu ihrem Inhalt haben kann. Damit hebt er aber zugleich
auch das absolute Wollen auf und befreit es von der Einheit
mit dem idealen Inhalt. Und Brünnhilde ist bereit, diesen
Akt der Negation des Wollens zu vollziehen. Sie weiss sich
wieder eins mit dem absoluten Willen, sie empfindet Wotans,
des Gottes, Leid als ihr eigenes und sie ist entschlossen, sich für
ihn zu opfern:

„Ruhe! Ruhe, du Gott!"

Dass dies in der That der Sinn der Schlussscene des ganzen
Werkes ist, geht deutlich aus den Worten hervor, die Wagner
in einer anderen Fassung seiner Brünnhilde in den Mund gelegt hat:

„Des ew'gen Werdens	wisst ihr, wie ich's gewann?
offene Thore	Trauernder Liebe
schliess ich hinter mir zu.	tiefstes Leiden
Alles Ew'gen	schloss die Augen mir auf,
seliges Ende,	enden sah ich die Welt".

Dass Brünnhilde sich selbst dem Tode weiht, ist der Ausdruck
für die gänzliche Verneinung des Willens zum Leben. Auf
dem Gipfel der Erkenntnis angelangt, hat das Bewusstsein nur noch die Bedeutung, das Wollen ins Nichtmehrwollen, das Sein ins Nichtsein zurückzuschleudern.
Mit diesem Selbstopfer der Brünnhilde erlangen auch die

Rheintöchter ihren Ring zurück, und Hagen wird von den Fluten des Rheins, der über seine Ufer tritt, verschlungen; denn der stärkere Verneinungswille reisst zugleich auch den entgegengesetzten Willen der Bejahung mit ins Nichts hinunter. Im Tode sind Siegfried und Brünnhilde wiederum vereinigt „in mächtigster Minne vermählt", weil in der Rückkehr des Seins in den Zustand des Überseins zugleich auch alle Gegensätze des Realen ausgelöscht sind. Aus dem Scheiterhaufen aber, der ihre sterbliche Hülle aufnimmt, flammt prasselnd und züngelnd Loges Element gen Walhall: der Wille der Verneinung ergreift und verzehrt den absoluten Willen, und Brünnhilde, das Bewusstsein selbst, hat den Brand in die Götterburg geschleudert.

Kein Zweifel, dass hiermit nicht bloss das Reich der Götter untergeht, sondern dass die Götterdämmerung zugleich das Ende des Realen überhaupt bedeutet. Dafür sprechen nicht bloss die angeführten Schlussworte der Brünnhilde, die Wagner wohl ebenfalls ihrer allzu grossen Deutlichkeit wegen nicht mit aufgenommen hat, dafür spricht vor allem die entwickelte Idee des Ganzen; denn wenn das Sein vom Wollen abhängig gemacht wird, so fällt das Nichtwollen mit dem Nichtsein zusammen. Um so auffälliger erscheint es, wenn Brünnhilde sich vor ihrem Todesritt an die Umstehenden, als an

„des blühenden Lebens bleibend Geschlecht"

wendet, als ob dieselben vom Zusammenbruche des bisherigen Weltbaus nicht betroffen würden. Jene Worte stimmen so wenig mit der ganzen Idee der Dichtung überein, dass man auch sie nur als einen stehengebliebenen Überrest aus Wagners früherer Fassung seines Werkes erklären kann, der aber in den jetzigen Zusammenhang nicht mehr hineinpasst. Nur solange der „Ring des Nibelungen", wie er ursprünglich sollte, die Befreiung der Welt aus den Banden der bisherigen Ordnung und den Sieg der Liebe über den Egoismus zum Gegenstande hatte, waren jene Worte wohl am Platze: Brünnhildens Preis der Liebe war hier wirklich ihres „heiligsten Wissens Hort", den sie der Welt zuwies, denn das goldene Zeitalter der Liebe sollte ja nach jener Deutung erst jetzt beginnen. Wie jedoch die Dinge nunmehr liegen, kann von einer positiven Bedeutung der Liebe keine Rede mehr sein; denn die Welt, an die sich Brünnhilde wendet, hat keine Zukunft mehr, sondern wird mit den Göttern zugleich ins Nirwana hinabgerissen.

Jetzt verstehen wir, warum mit dem Tode Siegfrieds und Brünnhildes die Götterdämmerung hereinbricht. Diese Frage pflegen sich die Wenigsten vorzulegen; und doch ist unmittelbar gar nicht einzusehen, welche Rückwirkung der Untergang zweier menschlichen Wesen, und wären sie selbst die erhabensten Helden, auf die Götterwelt ausüben sollte und wie die Flammen von Brünnhildes und Siegfrieds Scheiterhaufen Walhall erfassen und einen allgemeinen Weltbrand entfachen können. Nun zieht zwar auch in der germanischen Mythologie der Tod Balders die Götterdämmerung nach sich. Indem also Wagner an die Stelle des Gottes Balder die mit diesem identische Gestalt des Menschen Siegfried setzte, so wurde er schon durch jenen mythologischen Zug auf die Verknüpfung von Siegfrieds Tod mit dem Untergang der Götter hingeleitet. Allein die Frage selbst wird doch damit nicht beantwortet, welche innere Beziehung die beiden Vorgänge mit einander verbindet. Denn mag auch Wotan, wie wir aus dem Drama „Siegfried" wissen, „der Welt Erbe" an das Heldenpaar übertragen haben und mag er sich selbst des unmittelbaren Eingreifens in den Weltprozess enthalten, für uns sind Siegfried und Brünnhilde doch nur zwei menschliche, endlich bedingte Persönlichkeiten, und es bleibt uns rätselhaft, wie an deren Schicksal das Dasein der absoluten Welt geknüpft sein kann.

Dies Rätsel nun löst sich, wenn wir die äusseren Vorgänge der wagnerschen Dichtung als die Darstellung eines inneren metaphysischen Prozesses betrachten. Nur wenn Siegfried und Brünnhilde die Repräsentanten des bewussten Geistes, des von der bewussten Idee bestimmten Wollens und als solche die objektiven Erscheinungen des unbewussten absoluten Willens sind, nur dann können sie gar keine Handlung vollziehen, die nicht auf den letzteren zurückwirkt. Die Handlung, wodurch sie das Geschick der Welt bestimmen, besteht nun, wie gesagt, in der freiwilligen Verneinung ihres Willens, die nur dem Bewusstsein möglich ist. Darum kehrt sich diese Verneinung des endlichen zugleich gegen den absoluten Willen, und Wotan selbst erreicht das ersehnte Ziel seines Willens, indem er von seinem Wollen loskommt. So zeigt sich, dass die hier gegebene Deutung des

„Ringes" nicht bloss ein zufälliger Einfall ist, sondern dass sie vielmehr das innere Wesen der Sache selbst aufdeckt. Denn man hat nur die Wahl, entweder sich dieser Deutung irgendwie anzuschliessen, oder aber überhaupt auf ein lückenloses Verständnis der wagnerschen Dichtung zu verzichten.

VII.

„Der Ring des Nibelungen" und die „Philosophie des Unbewussten".

Suchen wir nach einem zusammenfassenden Ausdruck, um den Ideengehalt des „Ringes" klar zu legen, so behandelt er die Erlösung des Willens von der Qual des Wollens. Eben dies ist aber auch das Thema der ganzen schopenhauerschen Philosophie. Wie kommt es, dass es trotzdem nicht gelingen will, den Ideengehalt der wagnerschen Dichtung ohne Rest in die Formel der „Welt als Wille und Vorstellung" aufzulösen?

Hier fällt nun sogleich der Unterschied in die Augen, wie Wagner die Erlösung auffasst. Nach Schopenhauer betrifft dieselbe bloss den Einzelwillen. Nur das Individuum soll nach seiner Meinung unter Umständen fähig sein, aus dem feurigen Kreise des Daseins hinauszutreten und seinen Willen zu negieren; der absolute Wille dagegen soll auf ewig zum Wollen und der mit ihm notwendig gesetzten Unseligkeit verurteilt sein. Statt dessen ist für Wagner die Verneinung des individuellen Willens, wie sich dieselbe in Siegfried und Brünnhilde vollzieht, nur das Mittel, um den absoluten Willen Wotans aufzuheben, und die Erlösung ist folglich universeller Art.

Dieser Unterschied hängt offenbar mit der Art zusammen, wie beide die Stellung der Idee bestimmen, denn die bewusste Erkenntnis ist es, wodurch die Verneinung des Willens herbeigeführt wird. Schopenhauer weist bekanntlich der Idee nur eine sekundäre Rolle unter den metaphysischen Potenzen zu. Sie ist ihm ein blosses Produkt des Willens, das Mittel, dessen sich der blinde, vernunftlose Wille zur Erreichung seines Zieles bedient: in dunkler Nacht zündet er sich gleichsam in der Idee ein Licht an, um desto sicherer seinen Weg zu finden. Die Idee, wie sie sich im Intellekte reflektiert, ist nach Schopenhauer eine Art Zauberspiegel, der das einheitliche absolute Willenswesen in die Vielheit endlicher Erscheinungen auseinander zerrt. Jede Zerstörung des Intellekts durch Verneinung des Willens vernichtet daher auch höchstens seine zufällige individuelle Erscheinungsform oder ·die Art, wie er sich in diesem Intellekte spiegelt, lässt jedoch das Wesen als solches unberührt. Ganz anders dagegen bei Wagner. Zwar kennt auch er den Willen als einen blinden und ideenlosen; aber dieser ist ihm nur der Wille des Anfangs: Alberich. Zwar ist auch für ihn die Idee das Produkt des Willens: Brünnhilde ist die Tochter Wotans. Aber der Wille hat dies Produkt nicht, wie bei Schopenhauer, aus sich selbst erzeugt, sondern vermittelst des logischen Formalprinzips — die absolute Idee, als Inhalt des absoluten Willens, ist die Entfaltung, Explizierung dieses logischen Prinzips: Brünnhilde ist die Tochter Wotans und Erdas. Hiernach ist die Idee für Wagner genau so ursprünglich, wie der Wille: dem potentiellen Willen entspricht die potentielle Idee, oder mit andern Worten: nicht der alleine souveräne Wille Schopenhauers, sondern Wille und Idee zusammen, als Einheit gedacht, bilden das metaphysische Prinzip der Weltanschauung, die dem Nibelungenring zu Grunde liegt. Hat der Wille einmal die Vereinigung mit der Idee vollzogen, hat Alberich sich des Ringes bemächtigt, dann giebt es hinfort nicht mehr einen blinden, sondern nur noch einen mit der Idee erfüllten Willen, dann ist Wotan an die Stelle von Alberich getreten, triumphiert das Reich der Götter über Nibelheim. Die vielheitliche Welt ist dann nur die raumzeitliche Erscheinung jener Einheit, nicht eine bloss subjektive Erscheinung, die nur im Bewusstsein ist, wie bei Schopenhauer, sondern eine objektive, reale Erscheinung des absoluten Wesens, deren Inhalt oder qualitative Beschaffenheit durch die Idee, deren Realität durch den Willen bedingt ist. Darum kann hier die Erlösung eine universelle sein; denn die Verneinung des endlichen Willens vermittelst des Bewusstseins zerstört in diesem Fall kein trügerisches Spiegelbild, keine bloss scheinbare, sondern eine wirkliche Realität und greift damit unmittelbar in das absolute Wesen selbst hinein, durch dessen Willen überhaupt alle Realität gesetzt ist.

Wie der Wille dasjenige Schopenhauers, so ist die Idee das Grundprinzip der hegelschen Philosophie. Nun hat sich zwar Wagner mit Hegel selbst nicht näher befasst, wenigstens nicht in der gleichen Weise, wie mit Schopenhauer. Wohl aber, sahen wir, hat er sich in die Weltanschauung der Junghegelianer eingelebt, und erkannten wir, welchen Einfluss der genialste von ihnen, Feuerbach, auf seine ganze Denk- und Anschauungsweise ausgeübt hat. Diesen Eindruck hat auch das spätere Studium Schopenhauers nicht gänzlich wieder verwischen können. Von Feuerbach hat Wagner seinen erkenntnistheoretischen Realismus, wonach die Vielheit der Existenzen eine reale und nicht bloss eine Spiegelung in unserem Bewusstsein ist; und wenn er auch in seinen theoretischen Schriften den subjektiven Idealismus Kants und Schopenhauers predigt, so hat ihn doch ein gesunder Instinkt davor bewahrt, jene allein berechtigte Grundlage der ganzen Handlung bei der späteren Umdeutung des Ringes in schopenhauerschem Sinne aufzugeben. Thatsächlich giebt es denn auch nur eine Dichtung Wagners, worin er auch in dieser Hinsicht an den schopenhauerschen Prinzipien festhält, nämlich „Tristan und Isolde", indem er hier die Möglichkeit der Vereinigung der beiden Liebenden auf den illusorischen Charakter der Erscheinungswelt gründet. Wie aber seine realistische und historische Auffassung der Dinge in der Weltanschauung der hegelschen Schule wurzelt, so hat Wagner von ihr auch die teleologische Betrachtungsweise, die im Gegensatze zu Schopenhauer ein objektives Ziel des Weltprozesses anerkennt. Eine solche Anerkennung aber hat nur einen Sinn unter der Voraussetzung, dass der Idee eine metaphysische Bedeutung zukommt. Damit ist nicht gesagt, dass Wagner sich hierüber selbst klar gewesen sein müsse. Hat doch auch Feuerbach sich im Verlaufe seiner geistigen Entwickelung immer weiter von der Anerkennung der Idee entfernt und schliesslich den absoluten Idealismus Hegels, der die Idee für das Wesen aller Dinge ansieht, in sein Gegenteil, den Sensualismus, verkehrt. Aber wenn man bedenkt, welche Rolle „die Idee" in der damaligen Litteratur in Deutschland spielte, wie sie geradezu das Schlagwort war, womit die verschiedensten Richtungen und Parteien nicht bloss auf philosophischem, sondern auch auf politischem und litterarischem Gebiete operierten, so begreift man, dass der Künstler Wagner sich den Glauben an die Idee auch durch Feuerbach nicht hat rauben lassen und an diesem Faktor der Welterklärung festgehalten hat, auch wenn er sich darüber keine ausdrückliche Rechenschaft gegeben haben sollte. Hiernach wird die Behauptung verständlich sein, dass die Dichtung von Wagners „Ring des Nibelungen", wie sie ursprünglich unter dem Einflusse Feuerbachs geschrieben, unter demjenigen Schopenhauers späterhin übergedacht und umgedeutet wurde, nach ihrem philosophischen Ideengehalte eine Synthese der beiden Weltanschauungen von Schopenhauer und Hegel darstellt. Nur geleitet durch die tiefsinnige Symbolik der nordischen Mythologie auf der einen und seinem eigenen Genius auf der andern Seite hat Wagner in ihr, ohne es selbst zu ahnen, die entgegengesetzten Einseitigkeiten jener beiden Weltanschauungen unter einander aufgehoben, indem er den Willen (Wotan) durch die Idee (Erda-Brünnhilde) ergänzt und beide als gleich ursprüngliche Weltpotenzen aufgefasst hat. Entspricht doch Wotan, wie wir früher sahen, schon im Mythus dem Willen Schopenhauers, während die (hegelsche) Idee ihre Repräsentantinnen in den weiblichen Erdgottheiten gefunden hat, die zugleich als die Wissenden und Weisen erscheinen.

Nun stellen die hegelsche und die schopenhauersche Philosophie die höchste Entwickelungsstufe und den Gipfel dar, den der spekulierende Geist in der ersten Hälfte des Jahrhunderts erklommen hat. Es war die wesentlichste Aufgabe der Philosophie während der zweiten Hälfte des Jahrhunderts, jene beiden entgegengesetzten Gedankenrichtungen zu einer höheren Einheit zu verschmelzen. Diese Verschmelzung hat Wagner vollzogen, und zwar nicht als Philosoph, sondern er hat sie als Dichter und Künstler vollzogen, fünfzehn Jahre früher, bevor dieselbe Aufgabe in der Wissenschaft durch Eduard v. Hartmann gelöst worden ist. Wenn es richtig ist, dass nicht der Wille allein, sondern er in Gemeinschaft mit der Idee das bestimmende Prinzip im Ideengehalte der wagnerschen Dichtung bildet, wenn es wahr ist, dass die ganze Handlung im „Ring des Nibelungen" sich einzig und allein um das Loskommen des Willens von seinem ideellen Inhalt und damit von der Qual des Wollens dreht und wenn man den Ideengehalt des Werkes in diesem Sinne richtig entwickelt findet, dann muss man auch zugeben: nicht „die Welt

als Wille und Vorstellung", wie man bisher angenommen hat,
sondern „die Philosophie des Unbewussten" bildet den
wahren Schlüssel zur Trilogie.

Bisher war jeder Wagnerianer, soweit er einen philosophischen
Standpunkt einnahm, in der Regel zugleich Anhänger Schopenhauers, obschon es eigentlich noch niemals wirklich gelungen
ist, den „Ring" von diesem Standpunkt aus zu deuten. Jeder
Anhänger Schopenhauers aber war eo ipso ein geschworener
Gegner der hartmannschen Philosophie aus Gründen, die uns
hier nicht weiter zu bekümmern brauchen. Das Geheimnis des
„Ringes" mittelst dieses Schlüssels aufzuschliessen, daran hatte
um so weniger jemand gedacht, als Wagner selbst der „Philosophie des Unbewussten" gegenüber sich zeitlebens ablehnend
verhalten hat. Bei seiner Hinneigung zur Mystik, die mit zu-
nehmendem Alter immer stärker ward, fand Wagner sich vor
allem dadurch abgestossen, dass in jener Weltanschauung mit
dem erkenntnistheoretischen Idealismus Kants und Schopenhauers gebrochen war, den er selbst in Übereinstimmung mit
dem Frankfurter Philosophen für die notwendige Voraussetzung
aller Mystik hielt. Aber hat nicht auch Schopenhauer seiner
Zeit der wagnerschen Musik keinen Geschmack abgewinnen
können, weil er selbst das Ideal der opernmusikalischen Gestaltung nun einmal in — Rossini erblickte? Und doch leugnet
heute niemand, dass sich keine passendere Illustration zu Schopenhauers Musikästhetik denken lässt als eben die Tonsprache des Bay-
reuther Meisters. Könnte es nicht diesem mit der „Philosophie des
Unbewussten", wie Schopenhauer mit ihm selbst ergangen sein?

Natürlich soll hiermit nichts weniger beabsichtigt sein, als
den Schöpfer des Nibelungenringes in eine bestimmte philosophische Sekte einzureihen. Davon könnte doch nur die Rede
sein, wenn Wagner sich der erwähnten Synthese selbst bewusst
gewesen und diese von ihm als Denker und Philosoph vollzogen
wäre. Es kann aber nicht genug betont werden, dass Wagner
in erster Reihe Künstler ist, dass der Philosoph in ihm nur
ein integrierendes Moment seines Künstlertums ausmacht und
dass auch sein „Ring des Nibelungen" verlangen kann, zunächst
und vor allem als Kunstwerk betrachtet und nicht durch die
Deutung seines idealen Gehaltes in den Streit der philosopischen
Meinungen hineingerissen zu werden, „Ich kann nur in Kunst-

werken sprechen", schreibt Wagner selbst an Röckel; und wenn ihm bei seinen Schöpfungen eine bestimmte philosophische Idee vorschwebt, so ist es doch nur, um sie in ästhetischen Schein, in die unmittelbare sinnliche Anschauung umzusetzen. Darum kann auch der „Ring des Nibelungen" nur wirklich gewürdigt und genossen werden, wenn man ihn so auf sich wirken lässt, wie der Künstler selbst gewollt hat, nämlich im Zusammenhange mit der Musik und im Theater. Erst die Musik erschliesst uns wirklich auch seine tiefsten Tiefen und redet zu uns in einer Sprache, wofür uns die bestimmten Begriffe fehlen. Erst das scenische Bild giebt uns diejenige anschauliche Wirklichkeit, wodurch wir die Absichten des Künstlers Wagner verstehen lernen. Wer dieses Verständnis nicht hat, der hat das Kunstwerk überhaupt nicht verstanden, und alle Kenntnis seines philosophischen Ideengehaltes ist für ihn ein totes Wissen ohne Wert und Bedeutung. Wer aber das ästhetische Verständnis hat, der kann auch allenfalls das philosophische entbehren, und jedenfalls wird der Mangel desselben ihn nicht wesentlich in seinem Genusse des Kunstwerks stören.

Ich bin daher, um es noch einmal hervorzuheben, weit entfernt, die obige Entwickelung ihres philosophischen Ideengehaltes für die einzige oder gar allein berechtigte Betrachtung des Kunstwerks anzusehen. Vielmehr ist es eine durchaus einseitige und abstrakte Weise, diesen Ideengehalt für sich allein herauszuheben und die Kategorien der philosophischen Reflexion auf ihn anzuwenden. Ich behaupte nur, dass, wenn man den „Ring" unter diesem Gesichtspunkte betrachtet, er sich besser an der Hand der „Philosophie des Unbewussten" als irgend einer andern Weltanschauung verstehen lässt. Zu einer solchen Betrachtung aber ist man berechtigt nicht bloss, weil Wagner sie selbst bei seinen Schöpfungen angewendet hat, sondern auch weil die vielfache Dunkelheit und Unverständlichkeit des „Ringes" beweist, dass es dem Künstler nicht überall gelungen ist, seine abstrakte Idee ohne Rest in die sinnliche Anschauung umzusetzen. In diesem Falle nämlich bleibt nichts Anderes übrig als die Dunkelheiten durch den abstrakt herausgehobenen Sinn zu erhellen und die Lücken im ästhetischen Schein durch die Aufzeigung des begrifflichen Zusammenhanges seiner verschiedenen Bestandteile auszufüllen.

Dabei liegt es mir, wie gesagt, ganz fern, zu behaupten, dass Wagner alle die idealen Beziehungen, die wir im Vorangehenden aufgedeckt haben, als solche bei der Abfassung seines Werkes auch im Bewusstsein gehabt haben müsse. Im Gegenteil, meine ich, dass seine Dichtung nur insofern ein wirkliches Kunstwerk ist und ästhetischen Wert besitzt, als ihr Schöpfer den philosophischen Gehalt derselben nicht bewusst hervorgehoben, sondern ihn bei der Abfassung gleichsam vergessen hat. Überall wo dieses nicht der Fall ist, wo die Idee sich als solche abstrakt hervordrängt, wie z. B. in der Scene zwischen Wotan und Brünnhilde im zweiten Akte der „Walküre", da empfinden wir dies als eine unkünstlerische Zerstörung der Illusion und hört das Werk auf, uns ästhetisch zu berühren. Es ist deshalb eher ein Lob als ein Vorwurf, wenn man sagt, dass Wagner seine eigentliche Absicht im „Ring des Nibelungen" nicht eindeutig genug zum Ausdruck gebracht habe. Wagner hat ja offenbar ganz Recht, wenn er Röckel, als dieser ihn wegen der Dunkelheit und „Undeutlichkeit einzelner Verhältnisse" in seiner Dichtung zur Rede stellt, entgegnet: „Ich glaube mich mit ziemlich richtigem Instinkte vor einem allzu grossen Deutlichkeitseifer gehütet zu haben, denn meinem Gefühle ist es klar geworden, dass ein zu offenes Aufdecken der Absicht das richtige Verständnis durchaus stört; es gilt im Drama, wie im Kunstwerk überhaupt, nicht durch Darlegung von Absichten, sondern durch Darstellung des Unwillkürlichen zu wirken".[1])

So wenig hiernach das Kunstwerk in ästhetischer und künstlerischer Hinsicht gewinnt, wenn wir seinen Ideengehalt im Lichte der Philosophie betrachten, ganz fremdartig ist ihm diese Betrachtungsweise doch auch deshalb nicht, weil es durch die Heraushebung seines abstrakten Ideengehaltes in Beziehung zu demjenigen Gebiete gesetzt wird, worin die höchsten Ideen und Empfindungen der Menschheit ihren unmittelbarsten begrifflichen Ausdruck finden. Im Grunde nämlich sind ja Kunst und Philosophie ebenso wenig Gegensätze, wie wir dies früher von der Philosophie und Religion behauptet haben. Wenn die letzteren beiden sich in Hinsicht ihres idealen Gehaltes immer dichter nähern, je tiefer sie in den Kern der Welt hinabgedrungen, je reiner sich

[1]) a. a. O. 37.

in ihnen deren innerstes Wesen spiegelt, so ist auch das wahrhaft geniale Kunstwerk nur die sinnliche Offenbarung derselben
Wahrheit, welche die Philosophie in ihren abstrakten Begriffen,
der Mythus in seinen phantasievollen Gestalten und Begeben-
heiten, die Religion in ihren anschaulichen Symbolen ausspricht.
Beide schöpfen sie aus derselben Geistestiefe, bis zu welcher das
Senkblei des Bewusstseins unmittelbar nicht hinabreicht, beide
heben sie, nur in verschiedener Ausdrucksweise, dieselbe einheitliche Idee ans Licht empor, woraus überhaupt alle unsere Anschauungen und Gedanken quellen. Dabei ist das Kunstwerk
so viel reicher und ausdrucksvoller als die Philosophie, wie die
Anschauung konkreter als das begriffliche Denken ist. Aber die
Philosophie besitzt dafür in ihren logischen Begriffen eine Klarheit und Notwendigkeit, die alle Einseitigkeit und Kälte ihrer
Abstraktionen aufwiegt. Die Philosophie beweist die ideale Wahrheit eines Kunstwerks. Das Kunstwerk stellt den logischen
Gedankenzusammenhang des Philosophen dar. Wahre Philosophie ist daher Kunst in Begriffen. Wahre Kunst ist Philosophie
in Anschauungen und Empfindungen. Darum ist es keine müssige
Spielerei, sondern die Notwendigkeit der Sache, das Kunstwerk
durch die Philosophie und umgekehrt zu erläutern. Denn erst
in dieser Vereinigung und Vergleichung wird klar, wie beide
nur den höchsten Geistesgehalt ihrer Zeit aussprechen und denselben Inhalt nur mit verschiedenen Mitteln zur Darstellung
bringen. Wenn sich dabei eine so auffällige Übereinstimmung
ergiebt, wie zwischen Wagners „Ring des Nibelungen" und der
modernen Philosophie, eine Übereinstimmung, die nicht so sehr
durch bewusste Reflexion, als vielmehr unwillkürlich zustande
gekommen ist, dann darf uns dies ein Beweis dafür sein, dass
hier eine innere Notwendigkeit vorherrscht und dass es gleichsam
der Geist der Zeit selbst ist, der sich in dem Werke des Künstlers,
wie des Denkers spiegelt.